Desarrollo de Liderazgo

Steve Fitzpatrick

Leadership Development

Por Steve Fitzpatrick

Copyright © 2013 by Steve Fitzpatrick

ISBN 978-1-61529-107-6

Vision Publishing
1672 Main St. E 109
Ramona, CA 92065
1 800-9-VISION
www.booksbyvision.com

DESARROLLO DE LIDERAZGO

PREFACIO

Este libro ha tomado toda una vida para desarrollarlo . He tomado los temas que he enseñado, predicado y desarrollado en seminarios en todo el mundo y los he recopilado en este formato. Hace unos años, estaba terminando un seminario con el Ps. Guillermo Aguayo en Lima - Perú, cuando él me dijo: "¿Por qué no pones este material en un formato de libro y yo te ayudo a conseguir que se imprima?" Éste, es ese material.

Durante años, he estado entrenando a líderes pastorales y fortaleciendo iglesias locales en más de 40 países. Puedo ver claramente que Dios se está moviendo en el mundo. En cada país, la iglesia está rebozando de nuevos creyentes. Las estadísticas nos indican que actualmente alguien nace en el Reino de Dios cada dos segundos. Alabado sea Dios por ello, ya que no es nada menos que milagroso. Pero con la explosión de nuevos creyentes en el Reino también hay un problema correspondiente que debe abordarse.

Pocos años atrás, me dirigía a uno de mis seminarios que se realizaba en Argentina. Yo viajaba en un taxi con un Pastor llamado José, cuando casualmente le pregunté: "Entonces, ¿qué ha estado pasando en su ministerio últimamente?" Él respondió: "Oh, la semana pasada acabamos de abrir otra iglesia en un pueblo cercano." Así que le pregunté: "Bueno, entonces, ¿cuántas iglesias han abierto en total?" Increíblemente él dijo: "Gracias a Dios, fue la Iglesia número 200 que empezamos!" Yo estaba asombrado, y supongo que se dio cuenta de eso cuando me quedé boquiabierto. Él me dijo, "Pero, Steve, usted tiene que darse cuenta de que esto es lo que el Espíritu Santo está haciendo actualmente en toda América Latina. Mientras que en años anteriores sufrimos una gran persecución y hacer que la gente se convierta era tan difícil, ahora esto ha cambiado. Hoy tengo la fe de que puedo ir a cualquier ciudad, comenzar a predicar en una esquina, y en cuestión de dos semanas, nacerá una iglesia. Abrir iglesias parece ser la parte fácil, la dificultad está en el desarrollo de los líderes para pastorear las iglesias. Y es por eso que estoy tan agradecido por sus esfuerzos. Necesitamos ayuda en la formación de líderes!"

Me he dado cuenta de que la formación de líderes debe cubrir tres áreas básicas: carácter, conducta y contenido. El carácter es: "quiénes son". La conducta es: "cómo funcionan ellos en su ministerio"; y el contenido es: "lo que ellos creen". Si un líder puede tener una formación básica en cada una de estas áreas, entonces será mucho más preparado para servir al Señor en cualquier ministerio al que ha sido llamado.

Con estos pensamientos en mente, he preparado el siguiente material en un formato de catecismo. Durante siglos, este formato ha sido utilizado para educar a los estudiantes. Catecismo es simplemente instrucción a través del uso de preguntas y respuestas. Con este formato, este libro puede ser utilizado por una persona para estudio personal, por un grupo con un líder informal, o en un salón de clases con un instructor formal. Independientemente de cómo lo utilicen, confío en que usted será bendecido y establecido en la iglesia. Aún más en su fe y dones de liderazgo.

Steve Fitzpatrick

Sección 1

CARÁCTER – QUIÉN ERES TÚ

¿Qué es el carácter?

Sesión 1

CARÁCTER – QUIÉN ERES TÚ
¿Qué es el carácter?

1. El carácter se define de las siguientes formas:

a. Latín : Una marca grabada

b. Griego: Cortar, grabar

c. Inglés: La combinación de cualidades emocionales, intelectuales y morales, distinguiendo una de la otra.

d. El pastor Bill Hybels es conocido por su frase: *"El carácter es quién eres cuando nadie te está mirando".*

e. En el libro del pastor Frank Damazio, "The Making of a Leader", se define al carácter de las siguientes formas:

> • El carácter es el asiento de la moral de cada uno.
>
> • El carácter es la vida interior del hombre. Reflejará los rasgos de la naturaleza pecaminosa (ser influenciado por el mundo) o de la naturaleza divina (ser influenciado por la Palabra de Dios).
>
> • El carácter es la combinación de cualidades que distinguen a una persona o una clase de personas.
>
> • El carácter es la acción de un individuo cuando está bajo presión.
>
> • Finalmente, el carácter es la suma total de las cualidades negativas y positivas en la vida de una persona, ejemplificada por sus pensamientos, valores, motivaciones, actitudes, sentimientos y acciones.

2. ¿De qué formas puede la vida de Joab ilustrar negativamente los defectos del carácter?

a. Joab fue el segundo al mando de David. (1 Cr. 11:6; 27:34), un hombre poderoso en la batalla, aunque también un hombre que tenía muchos defectos en su carácter. Dios siempre ha puesto un premio mayor sobre el carácter más que sobre las habilidades y talentos de cada uno.

NOTAS

La historia nos enseña que Dios ignorará a alguien con inmenso potencial tan solo para escoger a alguien que aparentemente no tiene "lo que se necesita". La habilidad o el talento invariablemente quedarán muy abajo en la lista de requisitos para ser líderes porque Él quiere que aprendas lo que significa confiar en Él para que las cosas sucedan. Es más, Jesús dijo que muchos han hecho cosas grandes sin que él los conozca. (Mat. 7:21-23)

b. Joab era **presuntuoso** y la presunción siempre es peligrosa para los líderes. James Lee Beall, en su libro Laying The Foundation, "presumir viene del latín praesumere que significa "anticipar, suponer, o tomar en adelanto". La definición en inglés es más cercana al uso bíblico, significa "atreverse, tenerse por mucho". Aquellos quienes presumen se otorgan a sí mismos autoridad que no se les fue dada. Ellos sobrepasan los límites de la propiedad y cortesía, y se meten a lugares que no les corresponden. Al contrario de lo que algunos piensan, esto no es fe agresiva, sino una rebelión descarada". En 2 Samuel 3:22-27, se habla de las cosas que Joab hacía "sin que David supiera nada" (NTV). Esto fue lo último en la presunción.

c. Joab era sutilmente **engañoso**. En 2 Samuel 14:1.8, vemos que mediante el engaño Joab sutilmente llevó a David a hacer algo de lo que por siempre se arrepentiría. Absalón merecía la pena de muerte por asesinato, y los dos, Joab y David lo sabían. El consejo de Joab vino sutilmente como una segunda opción a la decisión correcta. Un consejero es un cargo poderoso, el cual muchos líderes se encuentran ocupando. Para que no rechacen nuestras ideas, es muy fácil recurrir al sutil engaño de distorsionar hechos u omitir cosas que podrían afectar nuestra presentación. La integridad demanda que presentes tus ideas clara y concisamente, y luego te sientes en la última fila.

d. Joab solo **se servía** a sí mismo. En 2 Sam 19: 11-14, Joab había encontrado una forma de lidiar con su sucesor, matándolo. A medida que la historia avanza, nos encontramos que el hermano de Joab, Abisay, quien se subordinó a él y le permitió a Joab una vez más tomar el lugar de comandante del ejército . (2 Sam. 20:22 b-23). ¿Por qué David no tomó alguna acción? Las razones son probablemente muchas, pero por lo menos podemos decir seguramente que David decidió que éste era el camino de menor resistencia y mayor bien para Su Reino. Aun así, Dios no estaba complacido. Miren nomás lo que David dijo unos años después

NOTAS

cuando reveló su deseo de justicia sobre la vida de Joab. 1 Reyes 2:5-6.

3. De qué manera puede reflejarse el caracter mirando la integridad personal?

a. Tu palabra, o tu promesa, sin importar lo pequeña que sea la situación, debe ser tan fidedigna y confiable como lo es la Palabra de Dios. Si no estás en control de la situación, entonces no hagas promesas. La definición hebrea de la palabra integridad es; honradez, rectitud, uniformidad, tener la razón, ser recto, nivelado, justo y legítimo. Esto es lo que necesitamos hoy en día, líderes de integridad. En Hechos 24:16, vemos que Pablo hizo un esfuerzo para mantener una conciencia limpia.

b. La integridad financiera es vital para todos los líderes. Como líderes del reino de Dios, es menester que hagas todo lo que puedas para ser una persona de integridad cuando se trata de tus finanzas. En 1 Crónicas 29:14,17, vemos que Dios prueba el corazón y se complace en la integridad financiera. Esto es lo que necesitamos hoy en día, líderes de integridad. Lideres que sean financieramente correctos, rectos, nivelados y justos.

c. La integridad financiera siempre ha sido un problema. En el año 394, AD, un obispo le pregunto a San Jerónimo cómo evitar las tentaciones del día a día. En su respuesta, el señaló muchas medidas prácticas que uno puede utilizar para "mantenerse recto en el camino de Cristo y no ser desviados hacía las guaridas del vicio". Cuando Jerónimo comienza a referirse a las finanzas, vemos que el consejo que él dio aún puede ser valioso hoy en día. Él dijo, "Nosotros (los clérigos) nunca debemos pedir regalos, y rara vez aceptarlos aunque se nos ruegue que lo hagamos. De alguna manera u otra, el hombre que te ofrece un regalo, te considera la persona más mezquina por aceptarlo; y si te niegas, es raro cuanta admiración siente por ti. Cuando hayas recibido dinero para los pobres, y seas prudente mientras las masas están hambrientas, o (lo que es obviamente una fechoría) lo tomas para ti mismo, estas sobrepasando la crueldad del peor ladrón. Es la gloria del obispo proveer medios para los pobres, pero una desgracia para cualquier sacerdote pensar en riquezas para el mismo".

d. Pablo decidió que como un líder cristiano era importante para él sentar un ejemplo de trabajo duro. El insistió en que siguieran su ejemplo, y en 2 Tesalonicenses 3:7-13, dijo que uno nunca debería de cansarse de hacer el bien . Esa palabra bien en el griego significa un acto de honradez.

e. Aquí hay un pequeño código de ética para la integridad financiera

I. Siempre daré el ejemplo a otros, entregando mi diezmo fielmente y dando mis ofrendas alegremente en la iglesia local.

II. Cualquiera que sea mi estatus económico, me esforzaré por ser un dador generoso cuando la oportunidad se presente.

III. Consideraré mis compromisos verbales tan obligatorios como los de un contrato escrito.

IV. Si no puedo pagar una deuda a tiempo, me contactaré con mi acreedor, sin importar cuanto lo conozca, y le informaré cuando puede esperar el pago.

V. Por mi actitud y mis costumbres honestas, me esforzaré en ser un cliente valioso para todos con los que contrato.

VI. No pediré un descuento, una tasa reducida, o servicios libres que no estén disponibles a mis amigos no cristianos.

(Del articulo de Stephen Bly en la revista Liderazgo)

¿Cómo trata el carácter y el desarrollo del liderazgo el libro de Tito?

1. ¿Qué es el liderazgo?

El liderazgo es el acto de traer gente de un lugar a otro. Liderar es influenciar a las personas para escoger, pensar, o actuar de cierta manera. Para ser un buen líder, debes tener un destino en tu mente. De repente, aún no has llegado ahí, pero seguro estás en camino, y deberás estar al frente de las personas.

2. ¿Quien es un líder?

Cualquiera puede ser un líder, y todos somos líderes en cierta manera.

3. ¿ Es malo querer ser un líder?

Es malo querer ser un líder solo cuando el deseo de serlo está motivado por el egoísmo.

NOTAS

"¿Buscas grandes cosas para ti? No las pidas" Jeremías 45:5
Cuando nuestro deseo de liderar es motivado por el deseo de servir a otros en humildad, y cuando nos demos cuenta que estar en una posición de liderazgo es un privilegio, no un derecho, entonces es un deseo conforme a Dios.

"Se dice, y es verdad, que si alguno desea ser obispo, a noble función aspira". 1 Timoteo 3:1

En el Nuevo Testamento, el libro de Tito nos da una gran perspectiva en el área del desarrollo del liderazgo.

PARTE UNO: EL MENSAJE – Tito 1:1-4

1. ¿ Dónde empieza el liderazgo Cristiano?

El liderazgo Cristiano empieza con el mensaje del Evangelio. Antes que Pablo pudiera abordar la situación de Tito, él tuvo que recordarle la gran imagen de la salvación. Antes que podamos entender a dónde Dios nos quiere llevar, necesitamos entender lo que Él ha hecho en nosotros y por nosotros.

2. ¿Cuál es el mensaje?

"Pablo, siervo de Dios y apóstol de Jesucristo, llamado para que, mediante la fe, los elegidos de Dios lleguen a conocer la verdadera religión. Nuestra esperanza es la vida eterna, la cual Dios, que no miente, ya había prometido antes de la creación. Ahora, a su debido tiempo, él ha cumplido esta promesa mediante la predicación que se me ha confiado por orden de Dios nuestro Salvador". Tito 1:1-3.

3. ¿Qué dos cosas tiene el elegido de Dios?

A. Los elegidos de Dios tienen fe

" mediante la fe, los elegidos de Dios ..."

Romanos 12:3 – La fe viene como un regalo de Dios.
Romanos 10:17 – La fe viene como resultado de oír la palabra de Dios.
Efesios 2:8-10 – Somos salvos mediante la fe.
Dios es la fuente de nuestra fe. Cuando tenemos fe, nunca es que le hagamos un favor a Dios, es ÉL quien nos hace un favor a NOSOTROS. Romanos 5:17 habla acerca de "recibir el regalo" de la

NOTAS

_____
_____
_____
_____
_____
_____
_____
_____
_____
_____
_____
_____
_____
_____
_____
_____
_____
_____
_____
_____
_____
_____
_____
_____

justicia de Dios. La palabra "recibir" en griego significa "tomar". Cuando Dios nos ofrece algo, nosotros necesitamos agarrarlo y tomarlo de Él.

B. Los elegidos de Dios tienen conocimiento

"... y el conocimiento de la verdad..." (RV60)

La palabra griega usada es "Epignosis." Esta palabra implica pleno discernimiento y revelación. Viene de la raíz "gnosis", que significa "llegar a saber, de una forma personal y abstracta". Pero Epignosis es una palabra más fuerte, no solamente llegar a saber , sino saber plenamente. Este conocimiento pleno es el deseo de Dios para Su pueblo.

1 Corintios 13:12: *"pero entonces conoceré plenamente, como he sido conocido". (LBLA)*
Colosenses 1:9-10: *"Que Dios les haga conocer plenamente su vo luntad", "crecer en el conocimiento de Dios".*

4. ¿Cuál es el propósito de la fe y el conocimiento?

La fe y el conocimiento deben afectar tu estilo de vida.. "...que les muestra cómo vivir una vida dedicada a Dios". Santiago 1:22-25 nos habla acerca de ser un "Hacedor de la Palabra". La gracia de Dios nos da fe, y al mismo tiempo nos cambia para hacer buenas obras. Un tema principal de Tito es que no somos salvos por buenas obras, pero si somos salvos para hacer buenas obras.

5. ¿En qué se descansan la fe y el conocimiento?

"Una fe y conocimiento que descansan en la esperanza de la vida eterna ..."
La fe y el conocimiento se sostienen en la esperanza. La esperanza puede ser definida como "Anticipación (con placer), expectativa, o confianza". O solo como "Expectativa placentera". La diferencia entre un cristiano bebé y un cristiano maduro es la esperanza. La verdadera esperanza debe ser desarrollada.

NOTAS

6. ¿Cómo se desarrolla la esperanza?

En consecuencia, ya que hemos sido *justificados mediante la fe, tenemos paz con Dios por medio de nuestro Señor Jesucristo. También por medio de él, y mediante la fe, tenemos acceso a esta gracia en la cual nos mantenemos firmes. Así que nos *regocijamos en la esperanza de alcanzar la gloria de Dios. Y no sólo en esto, sino también en nuestros sufrimientos, porque sabemos que el sufrimiento produce perseverancia; la perseverancia, entereza de carácter; la entereza de carácter, esperanza. Y esta esperanza no nos defrauda, porque Dios ha derramado su amor en nuestro corazón por el Espíritu Santo que nos ha dado". Romanos 5:1-5

> A. El sufrimiento o tribulación se refiere a cualquier cosa en nuestra vida que cause fricción o resistencia.
>
> B. Perseverancia, del griego Hupomonai, significa "alegre resistencia". Implica algo como "Aun después de la tormenta, sigues estando de pie".
>
> C. El carácter es la virtud interior que ha sido probada por medio de pruebas.
>
> D. La esperanza es la "expectativa placentera", el signo de madurez!

7. ¿Cuándo se ordenó todo esto?

Esto fue puesto en orden por Dios antes del principio de los tiempos. Tito 1:2, "...a cual Dios, que no miente, prometió desde los tiempos eternos"(LBLA). La palabra griega es chronos que significa intervalo de tiempo o duración del tiempo. El plan de Dios empezó antes que el tiempo pudiera ser contado. Busca 2 Timoteo 1:9-10 y Efesios 1:4, 5,11 para entender como el plan eterno de Dios fue revelado.

Ya que Dios tenía todo planeado antes del principio del tiempo, podemos estar tranquilos sabiendo que Él sabía desde la eternidad pasada dónde estarías y qué experimentarías ahora. Él tiene un plan!.

NOTAS

8. Cuando sucedio todo esto?

Esto fue revelado en el tiempo de Dios. Tito 1:3 "...Ahora, a su debido tiempo, él ha cumplido esta promesa..." El griego utilizado para la palabra tiempo o estación es KAIROS que significa un tiempo señalado especifico, apartado para un determinado evento marcado. Dios tiene un propósito específico para cada evento.

1 Pedro 5:5-6 – Esperar el "debido tiempo" de Dios es un proceso por el que todos debemos pasar.

Hebreos 6:10-12 – Esperar el "debido tiempo" de Dios implica fe y paciencia.

Hebreos 6:13-15 – Fue así como Abraham pudo recibir su promesa

Abraham espero 25 años por Isaac, Jacob espero 20 años para recibir su herencia, José espero 13 años para que sus sueños comiencen a cumplirse, y David espero 13 años para ser rey y 20 años para ser rey de todo Israel.

9. ¿Qué significa esto para nosotros?

Frecuentemente, Dios nos da vistazos de Su voluntad, mucho antes que estas cosas ocurran, así como hizo con Abraham, Jacob, José, David, y muchos otros. Pero no podemos despreciar los días de pequeños comienzos (Zac 4:10). Las cosas que Dios promete, siempre las llevará a cabo (2 Cor. 1:20).

Piensa en esto, cuando alguien promete algo, es su responsabilidad de seguir y cumplir su promesa. La persona que recibió la promesa no tiene que hacer nada para que esta se cumpla. Cuando Dios nos promete algo, depende de Él cumplir Su palabra.

No tenemos que preocuparnos en obligarlo a hacer algo por nosotros. Podemos confiar en Él.

NOTAS

PARTE 2: LA MISIÓN TITO 1:5

"Por esta causa te dejé en Creta, para que corrigieses lo deficiente, y establecieses ancianos en cada ciudad, así como yo te mandé". Tito 1:5

1. ¿Cuál era la misión de Tito?

La misión de Tito era arreglar los problemas en la iglesia y nombrar ancianos. En otras palabras, él era el responsable de sacar a las personas de una cultura sin Dios y transformarlos en líderes del Reino de Dios.

2. ¿Qué queda por hacer?

El último trabajo de reconciliar la humanidad con Dios se completó en su totalidad por Jesucristo a través de su vida perfecta, sin pecado, muerte y resurrección triunfante. Sin embargo, el trabajo práctico del ministerio: anunciar el evangelio del reino, amar "al menor de estos", la vida y la luz de la victoria de la cruz, éstas siguen siendo vividas por los creyentes todos los días. Dios sigue buscando a aquellos que están dispuestos a ser "colaboradores" (1 Corintios 3:9) y traer el Reino a la tierra.

3. ¿Cómo debe ser administrado este trabajo?

Así como las naciones están regidas por gobiernos, así Dios tiene un gobierno en el lugar para supervisor Su iglesia. Como apóstol, Pablo tenía autoridad sobre la iglesia universal, y le dio a Tito una autoridad similar sobre las iglesias de Creta, de nombrar líderes de las iglesias locales. Él le dió el mismo cargo a Timoteo en 2 Timoteo 2:2

4. ¿Qué estructura tiene este "gobierno"?

La estructura del gobierno de Dios esta descrita en Efesios 4:11-12, donde Pablo enumeracinco ministerios que les entregó en la ascención (o el ministerio quíntuple, como se les llama a veces).

NOTAS

14

Apóstoles – La palabra significa "enviado" El término fue utilizado originalmente para los generales griegos y romanos encargados de cambiar la cultura de una ciudad conquistada. En la iglesia primitiva, los apóstoles eran figuras paternas con gran autoridad.

Profetas – Los hombres y las mujeres que fueron separados de Dios para escucharle hablar y luego a hablar a la iglesia, desafiándolos en su nombre.

Evangelistas– Personas mandadas a equipar al pueblo de Dios, compartiéndoles las Buenas Nuevas.

Pastores/Maestros – Enviados a reforzar al cuerpo de Cristo por medio de su enseñanza al mundo.

La función de estas personas era de equipar al cuerpo de Cristo para hacer el trabajo de ministerio, no se esperaba que ellos hicieran todo el trabajo.

5. ¿Cuál es el objetivo final de la misión?

El objetivo de la misión es de transformar la cultura del mundo que esta alrededor tuyo. Cuando Jesús oraba por sus discípulos, él le decía a Dios, "Como tú me enviaste al mundo, así yo los he enviado al mundo" (Juan 17:18) Tiempo atrás, cuando Él les enseño como orar, les dijo que dijeran "Venga a nosotros tu reino, hágase tu voluntad en la tierra como lo es en el cielo". El propósito de nuestras vidas no es simplemente escapar de este mundo, es dejar que Dios nos use para transformar la cultura del mundo que nos rodea. Dios nunca se ha opuesto a la cultura humana, Él siempre ha estado opuesto al pecado.

6. ¿Hay ejemplos bíblicos de Dios con la gente para cambiar la cultura desde adentro hacia afuera?

¡Si! La Biblia está llena de historias acerca de personas a quienes Dios envió a cambiar el mundo a su alrededor. En Génesis 49: 2-3 dice que el Señor estaba con José y lo hizo exitoso en medio de una pecadora cultura egipcia. Miles de años después, Éxodo 1:7-10 dice: que los Israelitas eran tan numerosos en Egipto que el Faraón temía su influencia.

NOTAS

Después del periodo de los reyes, cuando ellos estaban en cautividad otra vez, Dios dice en Jeremías 29 que ellos iban a bendecir a sus capturadores, y orar por las ciudades en los que estuvieron cautivos. Durante este tiempo, Daniel fue un gran ejemplo de esto, al mostrar amor y honor hacia su gobernante malvado (Daniel 4:19), y ganar gran influencia en la cultura Babilonia.

7. ¿Qué hay del Nuevo Testamento?

En el Nuevo Testamento, Dios inmediatamente comenzó a usar a su iglesia para relacionarse y transformar el mundo. El mejor ejemplo es Pablo. En Hechos 19 él presentó el Evangelio a los judíos que lo escuchaban incorporándolo a su propia comprensión del mundo. En Tito 1:12, citó a Epiménides, un poeta griego pagano, demostrando que estaba familiarizado con la literatura pagana.

8. ¿Quién fue Epiménides?

Epimenides fue un filósofo griego famoso que había vivido 700 años antes. De acuerdo a la leyenda, él habitaba en un jardín mágico donde se quedo dormido por 70 años. Cuando despertó se dio cuenta de que poseía todo el conocimiento.

9 ¿Por qué Pablo cito a Epiménides?

En Tito 1:12 Pablo dice "uno de los profetas de Creta ha dicho: los cretenses son siempre mentirosos, malvados, brutos y glotones ociosos" Él usó una cita dentro de la literatura griega clásica para ilustrar el carácter de la gente con la que Tito tuvo que trabajar.

10. Entonces, ¿con quienes tuvo que trabajar Tito?

Mentirosos – Desde el Cretizo griego, la palabra era una jerga que significaba mentiroso, pero fue derivado originalmente de su nacionalidad. En esencia, se trataba de un insulto racial.

Malas bestias - Esto implica que su carácter era salvaje y animal.

Glotones ociosos - Esto se refiere a su avaricia descontrolada. Eso es con lo que Tito tuvo que trabajar... así que, qué es con lo que tú tienes que trabajar? ¿Cuál es el pecado de tu cultura?.

NOTAS

11. ¿Qué se supone que debemos hacer con ese conocimiento?

Cuando comprendemos los obstáculos que se encuentran entre nosotros y lo que significa completar el propósito de Dios en el mundo, somos capaces de seguir adelante y empezar a cambiar el mundo.

12. ¿Dios realmente espera que nosotros cambiemos el mundo?

Dios no espera que nadie cambie el mundo por sí solos. En la versión de Reina Valera, 2 Corintios 10:13 dice que Dios da a cada uno una esfera de influencia. Cuando vemos la condición en la que el mundo está, puede ser abrumador. Es probable que no sepas ni por dónde empezar. La buena noticia es que Dios no nos pide cambiar el mundo, nos pide cambiar nuestro mundo. A medida que cada miembro de la iglesia comienza a cambiar su mundo, el mundo en sí comenzará a cambiar. Que no lo motive un simple deseo de llamar la atención. Más bien, solo sea fiel con lo que Dios le da. Mire Mateo 25, y la parábola de los talentos. Dios no nos juzgará sobre la base de nuestros resultados con respecto a los demás, nos juzgará según sea nuestra fidelidad con lo que nos dieron.

PARTE TRES: EL HOMBRE – Tito 1:5

1. ¿Qué clase de persona está buscando Dios?

El tipo de persona que Dios busca está explicado en Tito 1:6-9. Este pasaje (junto con 1 Timoteo 3:1-8) proporciona una lista de los títulos que una persona debe cumplir para ser considerado para una posición de liderazgo dentro de la iglesia.

2. ¿Cuales son las cualidades que un líder necesita?

A. "Tienen que ..." El primer conjunto de cualidades tiene que ver con la vida familiar de un líder. ¡Tienes que ser un líder en lo privado antes de que puedas llegar a serlo en público. El hogar es el lugar de entrenamiento para todos los líderes piadosos.

   1. "Irreprensible" – Un líder deben mantenerse a sí mismo en los más altos estándares morales.

NOTAS

17

2. "Ser el marido de una sola mujer" - No polígamo, literalmente significa "tener una sola mujer".

3. "Tenga hijos creyentes" - Referencia cruzada con 1 Timoteo 3:4, dice simplementelos niños deben ser "sumisos".

B. *"No debes..."* Una serie de descalificaciones. Estas cuestiones deberían ser señales de advertencia para la persona que no está lista para la responsabilidad del liderazgo.

1. *"Ser arrogante"* - Arrogante, soberbio, o auto-complaciente.
2. *"Ser irascible"* – una persona amargada
3. *"Que se le dé a la embriaguez"* - Efesios 5:18, la embriaguez es pecado.
4. *"Ser violento"* - La violencia y la ira son un problema profunda mente arraigado
5. *"La búsqueda de la ganancia deshonesta"*
   a. La búsqueda de la prosperidad es santo. Gen. 12:2; Malaquías. 3:10, Lucas 6:38, 2 Cor. 9:6-11
   b. Las ganancias deshonestas son malvadas. Huye de ellas, (1 Timoteo 6: 6-11).
   c. La prosperidad debe tener un propósito. Construir el Reino de Dios.
      I.   Egipto era el país del "no hay suficiente".
      II. El desierto era la tierra del "justo lo suficiente".
      III. Canaán era la tierra del "más que suficiente".

C. *"Deben..."* Otro conjunto de características que un líder debe poseer. Pablo aquí empieza a desarrollar el tema de que si bien la salvación no viene por nuestra propia bondad, debido a que somos salvos, somos capaces de ser personas de gran virtud.

1. *"Ser hospitalario ..."* - Implica una dedicación al bienestar de los demás. Véase Rom. 12:13.
2. *"Ser un amante de lo bueno"* - Las cosas buenas o buenas personas. Mt 22:36-40 Para los cristianos, amar a Dios y la gente es la misma cosa.
3. *"Practiquen el dominio propio"* - Una mente sana, literalmente "moderados en la opinión o pasión".
4. *"Ser recto"* - ver lo siguiente:

NOTAS

18

5. **"Ser santos"** - 1 Pedro 1:15-16 Santo = físicamente puro, moralmente intachable, y espiritualmente consagrado.

6. **"Ser disciplinado"** - Esta palabra significa retrasar la gratificación.

7. *"Mantener con firmeza la sana doctrina"* - Ver Efesios 4:14. No ser llevados de un lado a otro por las opiniones. Adhierase a los conceptos básicos.

3. ¿Qué había de malo en la cultura cretense? (Tito 1:10-11)

Los problemas que enfrentó Tito en el discipulado cretense se encuentran en todas las culturas y deben ser enfrentados por todos los líderes cristianos.

A. Rebelión (Trata con la <u>autoridad</u>)

La palabra significa "insubordinado de hecho o de mal genio". Sólo se puede tener autoridad en la vida si usted está bajo autoridad. Satanás no quiere que nadie tenga autoridad por lo que tratará de conseguir que todos sean rebeldes. Rebelarse fue lo que él hizo en el cielo. Ver también 2 Pedro 2:10, Números 16:3 e Isaías 14:12

B. Puramente <u>Habladores</u> (Trata con nuestra manera de hablar)

Se refiere a palabras vanas y sin sentido o maliciosas, nuestras palabras son más poderosas de lo que sabemos. Dios usó palabras para crear, y estamos hechos a su imagen. Ver Proverbios 18:21, Efesios 5:4 y 1 Juan 3:18

C. Engañadores (Trata con la <u>Verdad</u>)

Algunas personas intencionalmente engañan a su mente. Esto es mortal. Lo que una persona cree que es verdad determinará todo lo relacionado con ello, incluso el curso de su vida. Si una persona es engañada, pervertirá completamente todo aquello en lo que cree. Ver Apocalipsis 12:9 y Santiago 1:22. Jesús es la verdad.

D. Ganancia deshonesta (Trata con el <u>Dinero</u>)

Ver las notas anteriores sobre la perspectiva saludable hacia el dinero.

NOTAS

4. ¿Cómo es posible que incluso los cristianos puedan superar estos problemas?

Dios no nos pide que hagamos lo imposible. Cuando Él nos pide que hagamos cosas que parecen imposibles, es porque tiene una manera de hacerlo posible. Su poder puede realmente convertir pecadores impíos en santos altruistas. Si puede hacer eso, él puede hacer cualquier cosa. Confíe en su poder para hacer que las cosas sucedan, no en el suyo propio.

CUARTA PARTE: EL METODO - Tito 2:01-3:15

1. ¿Cuál fue la respuesta de Pablo a la cultura cretense?

Pablo exhortó a 5 grupos diferentes de personas, (hombres mayores, hombres jóvenes, mujeres mayores, mujeres jóvenes, y esclavos) que se comporten de forma similar. Es un estilo de vida diferente que establece creyentes separados del mundo. Hay tres cosas con las que llamó a estos grupos:

A. Auto-controlado - La palabra significa "mente sana, modera do en cuanto a opiniones o pasión". Gálatas 5:22-23 dice que es un fruto del Espíritu.

B. Disciplinado - "Fuerte en una cosa, maestro, auto-controlado en el apetito." "Aquel que retrasa la gratificación".

C. Sobrio - "Mantenerse sobrio, abstenerse de vino".

2. ¿Cómo hacer frente a la cultura de hoy?

Hoy en día nos enfrentámos a la cultura de la misma manera que lo hizo Pablo, e instó a Tito y Timoteo a hacer.

A. A través de la enseñanza de la Palabra de Dios.

-Tito 2:1-4,7,9,12,15 1 Timoteo 4:11-13, 2 Timoteo 4:2, y 1 Pedro 4:11 se refieren a la enseñanza o la predicación de la Palabra.

-La iglesia es el cuerpo de mayor influencia en la tierra, porque cada vez que se reúne, todos los ámbitos de la sociedad están representados, y todos ellos están allí para escuchar a un hombre, al predicador.

NOTAS

B. A través del ejemplo y estilo de vida.

-Tito 2:7, 1 Corintios 11:1 ("Imítenme como yo imito a Cristo").
-Las palabras y las acciones son de igual importancia. Si usted no practica lo que predica usted es un hipócrita y no tendrá autoridad.

C. A través de aliento o de reproche.

-Tito 1:9, 13; 2:6, 15; 2 Timoteo 4:2
-Esto debe hacerse con mucha paciencia. Puede tomar mucho tiempo para que los hábitos de las personas cambién. No te rindas si no ves que las frutas florecen de un día para otro. Sin embargo, Dios todavía es capaz de transformar la vida en un instante. No deseche la posibilidad de los milagros.

Conclusión:

Este es el encargo a Tito, este es el encargo a cualquier dirigente en la casa de Dios. Cumpla con estos requisitos usted mismo, y luego capacite a otros a hacer lo mismo. Haga lo que Dios le ha llamado a hacer. Use el don que Dios le ha dado. Confía en él para hacer lo que usted no puede, y para encontrar a otros que destaquen en las áreas que usted necesita cubrir. Si usted es un maestro, trabaje con un evangelista para la salvación de las personas. Si usted es un evangelista, está bajo la autoridad de un apóstol para ayudarlo a lograr un cambio duradero a una cultura. Si usted es un apóstol, encontre un profeta que haya demostrado ser confiable en la proclamación de la Palabra de Dios en la temporada.

Al final, Dios está en control y Él no compartirá su gloria con nadie. Dele gracias por llamarle cuando no tenía que hacerlo, y dele las gracias por usarlo para llevar a cabo su voluntad en la tierra.

NOTAS

Sección 2

La Conducta
La forma como usted vive...

Sesión 2

LA CONDUCTA - CÓMO USTED VIVE

Al hablar de la preparación de un líder y cómo deben comportarse en el ministerio, uno de los primeros temas que se explorarán es el del llamado de Dios.

1. EL LLAMADO A LIDERAR

A. ¿De dónde viene el llamado a liderar?

a. Juan 10:30 - Yo y el Padre uno somos.

b. Juan 15:16 - ¡No me elegisteis a mí... Es el resultado de estar con él, no de una ambición personal, o de una posición en la comunidad, o del deseo de sentarse todo el día leyendo, o del deseo de viajar y dar conferencias desde una posición elevada!

c. Hechos 4:13 - La gente se daba cuenta de que habían estado con Jesús! Un ministro que se auto-envía desagrada a Dios y al hombre.

d. Lucas 3:2-3 - La palabra de Dios vino a Juan - por eso se fue a predicar.

e. Juan 20:21 - Él es quien debe enviarnos - "Así también yo os envío".

f. Mat. 9:38 - Pídele al Señor de la mies, por lo tanto, que envíe obreros a su mies.

g. Rom. 10:15 - ¿Cómo predicarán si nadie los envía?

2. ¿Cómo conocer un llamado falso?

a. Todos estamos llamados a difundir el Evangelio.

(1) Marcos 16:15-17 - ir a todo el mundo

(2) Hechos 1:8 - recibiréis poder

(3) Hechos 11:19-22 - contando las buenas nuevas

NOTAS

b. Algunos son llamados a servicio a tiempo completo - involucrados toda su vida.

c. Algunos presumen de llamarse.

(1) 2 Sam. 18:19-31 - Ahimaas - no era el elegido pero fue de todos modos. Al etíope - "Ve y di al rey lo que has visto" (21).

(2) Lev. 10:1-2 - Nadab y Abiú ... ¡murieron en su presunción!

(3) 2 Cró. 26:16-21 - En su presunción Uzías trató de ofrecer incienso.

3. ¿Cómo es el verdadero llamado?

a. Juan 15:16 - Yo te escogí ... sin embargo, no hay un patrón establecido. De hecho, parece que Dios tiene infinita variedad cuando Él llama. El diccionario Webster dice de la palabra **LLAMADO =** llamar a alguien para un propósito específico, ordenar o pedir que alguien venga. Alguien le preguntó a Emily Post, "¿Cuál es el procedimiento correcto cuando uno está invitado a la Casa Blanca de los Estados Unidos si se tiene compromiso previo?" Ella respondió: "Una invitación a almorzar o cenar en la Casa Blanca es una orden, y cancela automáticamente cualquier otro compromiso!"

b. I Reyes 19:19 - El manto tocó a Eliseo y él supo que era llamado.

c. Amos 7:14-15 - Pero el Señor me sacó del más humilde de los estados.

d. I Sam. 16:13 - David fue llamado cuando el cuerno del aceite fue derramado sobre él.

e. Hechos 13:2 - Saúl fue llamado al ministerio por un "presbiterio" – cuando el cuerpo de ancianos pone a alguien en su lugar de llamado a través de la imposición de las manos y de la profecía.

4. ¿A quién llamó para liderar?

a. Heb. 11:6 - Es galardonador de los que le buscan

b. Hechos 10:34 - Dios no hace acepción de personas, sin embargo, existen algunas calificaciones que parecen ser la norma

(1) una voz que es comprensible

(2) una apariencia que no es objetable

(3) un poder mental promedio

NOTAS

5. ¿Cómo se llama alguien a liderar?

a. Invariablemente se llama a través del trato con Dios, mientras Dios sopla en nuestras vidas, a la vez que anhelamos servirle.
b. Nuestro deseo es eclipsado por nuestro sentimiento de indignación.

   (1) Moises - Ex. 3:1-6; 4:1,10,13
   (2) Gedeón - Jueces 6:11-13,15,17; 6:36-40
   (3) Isaías - Isa. 6:1-9 - Aquí estoy, envíame!

c. Nuestros sentimientos nos deben llevar a confiar en Su suficiencia.

   (1) II Cor. 3:5 - que nuestra suficiencia es de Dios
   (2) Fil. 2:13 - Porque Dios es quien trabaja en vosotros ...
   (3) Fil. 4:13 - puedo - a través de Él
   (4) I Cor. 9:16-17 - ¡Ay de mí si no anunciare el evangelio!

DESARROLLO DE LA CONDUCTA
MIRAD POR VOSOTROS - HECHOS 20:17-31
LA CONDUCTA DE LOS LÍDERES

En este pasaje vemos que el apóstol Pablo regresa a Jerusalén y con el fin de ahorrar tiempo no pasa por la ciudad de Éfeso, pero luego llama a los ancianos de la iglesia en Mileto. Aquí se dirige a los líderes de la iglesia y enfatiza varios puntos fuertes acerca de cómo ellos, los ancianos y los pastores deben comportarse.

Este discurso de despedida de Pablo puede dividirse en tres categorías.

   1) Tengan cuidado de sí mismos - V. 28.
   2) Velen por lobos vv. 29-30. y
   3) Tengan cuidado de las ovejas - V. 28.

PARTE 1 – Mirad por vosotros - Hechos 20:28

Al analizar el primer tema de Pablo, teniendo cuidado de sí mismos, se puede ver fácilmente cómo un líder debe comportarse.

NOTAS

25

En 1 Timoteo capítulo 4, Pablo instruye a su joven discípulo acerca de las características que definen a un líder piadoso y utiliza el mismo término que usó para los ancianos de Éfeso, cuando dijo que se cuiden los unos a los otros en Hechos 20:28. En 1 Tim. 4:16 exhorta a Timoteo: "Ten cuidado de ti y de la doctrina". Nunca debemos asumir que tenemos todas las respuestas dentro de nosotros mismos, como dice en Proverbios 3:5 "... no te apoyes en tu propia prudencia... "

Antes de esto, en 1 Timoteo 4:7, Pablo le dice a Timoteo que él debe entrenar para ser piadoso.

1. ¿Cómo nos entrenamos para ser santos? (1 Timoteo 4:7)

A. Nos entrenamos a través de la disciplina.

La disciplina es definida por el Diccionario Merriam-Webster como "entrenamiento que corrige, moldea o perfecciona las facultades mentales o el carácter moral". Es un tipo de entrenamiento que consiste en retrasar intencionalmente beneficios a corto plazo por un bien a largo plazo. El pintor italiano Bertoldo dijo una vez a Miguel Ángel, su joven aprendiz, "El talento es barato, la disciplina lo es todo".

Hebreos12:1-3 Podemos terminar la carrera de la fe echando-fuera el pecado, corriendo con perseverancia, fijando la mirada en Jesús, considerándolo, y no cansándonos.

2 Pedro1:3-8 Necesitamos disciplina (dominio propio y perseverancia) para ser eficaces y productivos en nuestra fe.

2 Reyes 2:7-10 Eliseo recibió una doble porción del espíritu de Elías gracias a su persistencia y disciplina.

NOTAS

26

B. Nos entrenamos a través de la oración.

La oración es un aspecto absolutamente esencial de la vida cristiana. Pablo escribió: "Orad sin cesar" (1 Tesalonicenses 5:17).

Lucas 18:1 Nunca te rindas en la oración, la victoria está más cerca de lo que piensas.

Mateo 18:19 Hay poder en el común acuerdo. Cuando los esposos oran juntos, hay gran eficacia.

Salmos 63:1 Te busco intensamente. Debemos hacer nuestro el cantico del corazón de David.

Isaías 26:8-9 Todo mi ser te desea por las noches. Isaías también fue un hombre de oración.

C. Nos entrenamos a través de la lectura de la Biblia.

En Mateo 4:4 cuando Jesús dijo: "No sólo de pan vive el hombre, sino de toda palabra que sale de la boca de Dios", explicaba que, aun más que la comida, el sustento diario de las personas debe ser la Palabra de Dios. Este es un fuerte argumento para no solo leer la Biblia diariamente, sino leerla toda con regularidad, tal vez una vez al año.

Jeremías 15:16 "Al encontrarme con tus palabras, yo las devoraba; ellas eran mi gozo y la alegría de mi corazón...."

2 Timoteo 3:14-16 "Desde tu niñez conoces las Sagradas Escrituras, que pueden darte la sabiduría necesaria para la salvación..."

Hebreos 5:12-14 Simplemente leer la Biblia es bueno, pero también tenemos que ser entrenados en ella, y utilizarla para entrenarnos para distinguir el bien del mal.

NOTAS

D. Nos entrenamos a través de la sumisión

La visión de Dios para su iglesia es que pueda ser organizada y lidera-da por las personas que El nombra. No sólo debemos adorar a Dios, también debemos honrar y obedecer a los que Él ha elegido para lide-rar. Efesios 4:7-12 da una idea de cómo Cristo estableció su Iglesia. El versículo siete habla de cómo se dio la gracia para cada uno de noso-tros. Los versículos del ocho al diez afirman que Él descendió y ascen-dió. Si comparamos estos versículos con 1 Pedro 3:18-19, vemos que después de que Jesús descendió, Él predicó a los prisioneros antes de subir de nuevo. En Efesios 4:11, se enumeran los tipos de ministerios que nos dio en su ascensión para equipar a su gente.

> **Apóstoles –** Para ministrar paternidad.
> **Profetas -** Para dirigir.
> **Evangelistas -** Para predicar.
> **Pastores -** Para cuidar.
> **Maestros -** Para instruir.

Finalmente, en el versículo doce, vemos que la razón por la que el dio a todas estas personas dones es para capacitar al pueblo de Dios para la obra de servicio. Los líderes de la iglesia oran y ministran la palabra,que es como se edifica el cuerpo de Cristo, y preparan al pueblo de Dios para que todos puedan ser fructíferos en sus minis-terios dados por Dios.

Hechos 6:1-4 Los apóstoles escogieron hombres "de buena repu-tación y llenos del Espíritu y sabiduría". Estos hombres ya habían sido preparados. Ellos se entregaron a servir mientras los apóstoles se dedicaron al ministerio. Sin embargo, Dios recompensó las siete y les dio sus propios ministerios. Esteban iría apredicar y se convir-tió en el primer mártir (Hechos 6:8; 7:60). Felipe se convertiría en un gran evangelista (Hechos 8:4-40; 21:8-9).

2Timoteo 2:2 En este versículo cuatro "generaciones" de ministros son mencionados. Pablo entrenó a Timoteo, y luego Timoteo entre-nó a otros que podían entrenar a otros también.

2. ¿En qué áreas necesitan los líderes ser un ejemplo? (1 Timoteo 4:9-12)

A. Lenguaje.- Los líderes deben cuidar sus palabras. Efesios 4:29 dice "Eviten toda conversación obscena. Por el contrario, que sus palabras contribuyan a la edificación de otras personas".

NOTAS

B. Vida .- La forma como un líder conduce cada aspecto de su vida debe ser ejemplar. Pablo pudo decir con seguridad "Imítenme a mí, como yo imito a Cristo". (1 corintios 11:1)

C. Amor .- La cosa más importante que un líder o cualquier persona puede hacer es amar (1 Corintios 13). El amor cumple la ley en su totalidad (Lucas 10:27)

D. Espíritu.- Ver Romanos 12:11. Un líder debe ser un ejemplo sirviendo al Señor con el "fervor que da el Espíritu".

E. Fe.- Si un líder nos es un ejemplo de fe, ¿dónde más podrá verla los demás? Ver Marcos 11:22-24 y Hebreos 11:6.

F. Pureza.- Ver Tito 1:15-16. Los líderes debenser un ejemplo depureza de palabra, pensamiento y acción. 1 Pedro 1:22 dice la pureza viene a través de la obediencia. 1 Pedro 1:13-15 no es solo un mandato a los líderes sino a todos: "Sean santos en todo lo que hagan".

3. ¿A que se deben dedicar los líderes? (1 Timoteo 4:13)

A. A leer las escrituras en público

B. A predicar.- La predicación tiene que ver con la exhortación. La palabra griega significa proclamar la palabra, como un heraldo. En 2 Timoteo 4:2, Pablo otra vez desafía a Timoteo a "¡Predicar la Palabra!". Si lees Pedro 4:10-11 verás que como predicador, tú eres el portavoz de Dios.

C. A enseñar.- La enseñanza tiene que ver con la doctrina, llevar a la gente de lo desconocido a lo conocido. Hebreos 5:11-14 habla que los bebes espirituales necesitan leche o sea simples enseñanzas elementales. Hechos 8:30-31 dice que el entendimiento es el resultado de la enseñanza. En el antiguo Testamento en Nehemías 8:8 los Levitas ayudaron a la gente a entender el significado de la Palabra.

4. ¿Cómo puede un líder asegurarse de que no está descuidando su don? (1 Timoteo 4:14)

El don es simplemente algo para lo que eres bueno. Un líder debe reconocer en que es bueno y disfrutarlo. 2 Timoteo 1:6 dice que "avives

NOTAS

la llama del don de Dios", explicando que un don es como el fuego. Esta es una referencia al Antiguo Testamento cuando Dios entregó fuego sagrado para quemar en el tabernáculo (Números 27:22-23, Deuteronomio 34:9, Hechos 13:3). Véase también 1Timoteo 1:18.

5. ¿Cómo puede un líder mantenerse constantemente diligente?

Además de caminar constantemente en disciplina y dominio propio, es necesario tener un objetivo. Jesús fue capaz desoportar la cruz porque tenia un objetivo, "quien por el gozo que le esperaba..."

(Hebreos 12:2). En Filipenses 4:10-14, Pablo habla que objetivo era "ganar el premio" para el cual Dios lo había llamado al cielo.

PARTE 2 ESTEN ALERTAS DE LOS LOBOS – HECHOS 20:29-31

CARACTERÍSTICAS DE LOS LOBOS

En esta parte de las Escrituras, Pablo advierte a los ancianos de Éfeso sobre el hecho de que los lobos se levantaran para tratar de devorar a las ovejas del rebaño. Jesús había profetizado esto cuando le dijo a sus discípulos "Los envío como ovejas en medio de lobos" (Mateo 10:16).
Falsos Apóstoles se mencionan en 2 Corintios 10:12,11:13-15 y 20.
La llegadade los falsos profetas es predicha en 2 Pedro 2:1-3 y 10-14.
Los falsos maestros y pastores son mencionados en Judas 1:4,8-13,y 16-19.

1. ¿Cómo tratarán los lobos al rebaño?

Los lobos "procurarán acabar con el rebaño" dice Pablo en versículo 29. Los lobos usaran al rebaño para satisfacer sus propios deseos.

  A. Los esclavizarán.- 2 Corintios 11:20. Ellos vienen aesclavizar y no a servir.
  B. Los explotarán.- 2 Corintios 11:20. 2 Pedro 2:3 dice que ellos explotaran a la gente contándoles historias que ellos mismos han inventado.
  C. Se aprovecharán de ellos.- Esta es otra cita de Pablo en 2 Corintios 11:20.
  D. Buscan su propio provecho.- Tal vez la mayor acusación contra estos falsos maestros es que a pesar de que ocupan un puesto que está destinado a dar a los demás, ellos, en palabras de Judas, "solo buscan su propio provecho" (Judas 1:12).

NOTAS

2. ¿De dónde vendrán los lobos?

Los lobos vendrán desde dentro de la misma iglesia, o como dijo Pablo, "aun de entre ustedes mismos" (versículo 30) Su amenaza viene de la influencia que tienen. Un lobo debe ser un líder, de otro modo no representa ninguna amenaza para las ovejas.

A. Se disfrazan de apóstoles.- En 2 Corintios 11:13-15, Pablo llama a los falsos apóstoles "obreros estafadores". El compara sus disfraces con la forma que Satanás pretende ser un ángel de luz. Los lobos no cambiarán.

B. Ellos son "manchas y suciedad".- Ésta es una cita de 2 Pedro 2:13 describiendo cómo los lobos gozarán de sus placeres junto con los creyentes, sin embargo, no llegarán a encajar.

C. Se infiltraran secretamente entre ustedes.- Judas 1: 4. Los lobos no siempre son obvios, es por eso que es importante estar alertas.

3. ¿Qué van a enseñar los lobos?

Pablo dijo que los lobos "distorsionan la verdad". (V.30) No siempre se puede inventar mentiras obvias, pero intencionalmente tuercen la verdad de manera sutil.

A. Son engañosos.- 2 Corintios 11:13. A pesar de que dicen mentiras, hacen que suenen como la verdad. El pueblo de Dios debe estar en guardia como eran los habitantes de Berea, ya que "examinaron las Escrituras diariamente para ver si lo que dijo Pablo era verdad" (Hechos 17:11)

B. Ellos enseñan herejías destructivas.- 2 Pedro 2:1. Ver Juan 10:10 "El ladrón no viene sino para hurtar, matar y destruir..."Las mentiras del enemigo son perjudiciales y destructivas.

C. Seducen a los inestables.- 2 Pedro 2:14. Los lobos se alimentan de los inestables porque ellos son fácilmente atraídos por los placeres superficiales.

D. Son expertos en la avaricia.- 2 Pedro 1:14. Los lobos son a menudo expertos en el manejo de dinero y lo adquieren solo para sí mismos. Vea el ejemplo de Judas en Juan 12:6.

NOTAS

4. ¿Qué buscan realmente los lobos?

Lobos están hambrientos de poder. Al final del versículo 30, Pablo dice que su objetivo finales el de "arrastrar a los discípulos que los sigan".

A. Se mantienen adelante.- En lugar de esperar que sea Dios quien los promueva o prospere, ellos hacen las cosas a su manera.

B. Se comparan y elogian a sí mismos.- 2 Corintios 11:12, Judas 1:16, 2 Pedro 2:10. En lugar de encontrar su identidad en lo que Dios dice de ellos, los lobos necesitan validarse haciéndose ver mejor que otros. Solo les importa ellos.

C. Desprecian a la autoridad .- 2 Pedro 2:10, Judas 1:18, Los lobos no saben cómo ser verdaderamente humildes. A pesar que ellos puedan esperar en una posición de sumisión por algún tiempo, esto realmente les molesta.

D. Son quejumbrosos y acusadores.- Judas 1:16, Mientras que para los creyentes, "el amor cubre multitud de pecados"(1 Pedro 4:8), los lobos se deleitan exponiendo los defectos de otros.

E. Causan divisiones.- Judas 1:19 Los lobos tratan de alejar a la gente de la visión de hogar establecida por Dios. División justamente significa "Dos visiones".

F. Tienen los ojos llenos de adulterio.- 2 Pedro 2:14, Los lobos son impulsados básicamente por pasiones carnales. Aunque no siempre actúan impulsivamente, siempre están buscando oportunidades.

PARTE 3   CUIDEN DEL REBAÑO – HECHOS 20:28

28 Tengan cuidado de sí mismos y de todo el rebaño sobre el cual el Espíritu Santo los ha puesto como obispos para pastorear la iglesia de Dios, que él adquirió con su propia sangre. (NVI)

LA CONDUCTA DE LOS PASTORES

Ahora que hemos examinado la amenaza que los lobos son para la gente de Dios, podemos enfocarnos en los pastores, la gente que Dios ha puesto en su cuerpo para proteger su rebaño. La imagen del pueblo de Dios como un rebaño de ovejas es un tema recurrente en toda la biblia. Aquí vamos a examinar las características bíblicas de los pastores.

NOTAS

1. ¿Qué nos enseña Ezequiel 34:1-4,15-16 acerca del ministerio pastoral?

NOTAS

"⁴ No fortalecen a la oveja débil, no cuidan de la enferma, ni curan a

la herida; no van por la descarriada ni buscan a la perdida. Al contrario, tratan al rebaño con crueldad y violencia....¹⁶ Buscaré a las ovejas perdidas, recogeré a las extraviadas, vendaré a las que estén heridas y fortaleceré a las débiles, pero exterminaré a las ovejas gordas y robustas. Yo las pastorearé con justicia". (NVI)

> ***Un pastor está llamado a:***
>
> **Fortalecer al débil** a través de la dieta y ejercicio apropiado.
> **Sanar al enfermo** interesándose por sus necesidades físicas y emocionales
> **Traer de vuelta las ovejas perdidas** utilizando cualquier medio posible. En tiempos de la Biblia, un pastor a veces les rompía una pata para traerlas.
> **Buscar a los perdidos con esfuerzo.** Ver Lucas 15:3-7 la parábola de Jesús de la oveja perdida.
> **Controlar sin dureza o abusivamente.** Lidera por inspiración, no por la fuerza.

2. ¿Qué nos enseña Mateo 2:6 sobre pastorear?

Fue profetizado (originalmente en Miqueas 5:2) que Jesús sería un pastor para el pueblo de Israel. Eso significaba que él se encargaría de darles de comer. El derecho de un pastor para liderar está basado en su capacidad para alimentar a las ovejas.

3. ¿Qué podemos aprender acerca de ser un pastor del Salmo23?

"¹ El SEÑOR es mi pastor, nada me falta;
² en verdes pastos me hace descansar. Junto a tranquilas aguas me conduce;
³ me infunde nuevas fuerzas. Me guía por sendas de justicia por amor a su nombre.
⁴ Aun si voy por valles tenebrosos, no temo peligro alguno porque tú estás a mi lado; tu vara de pastor me reconforta.

⁵ Dispones ante mí un banquete, en presencia de mis enemigos. Has ungido con perfume mi cabeza; has llenado mi copa a rebosar.
⁶ La bondad y el amor me seguirán todos los días de mi vida; y en la casa del SEÑOR habitaré para siempre". (NVI)

V2. Me hace descansar. Hay tres requisitos que beben cumplirse antes de que una oveja pueda descansar en paz.

- No debe temerle a los lobos.
- Debe estar libre de plagas.
- No deben rodearse de bullies (ovejas mayores que les gusta dar cabezazos).

V2. En verdes pastos. El pastor ofrece de comida pastos tiernos.

- Buen alimento viene a través del estudio y preparación
- La mayoría de los pastores sólo tienen tres sermones en su ha ber, lo único que hacen es presentarlos de diferentes maneras.

V2-3. El nos conduce, guía y restaura.

- El pastor no nos conduce por aguas turbulentas, sino por aguas tranquilas. No por controversias, sino por una sana doctrina.
- El pastor guía a sus ovejas por senderos de justicia. Caminos buenos y diferentes.
- El pastor restaura a las ovejas. Ver Lucas 15:3-7

V4. Esta a su lado. En el lugar y en el momento que sea.

- Su vara es para protección, un arma contra los lobos
- Su bastón es para corrección, para dirigir a las ovejas cuando estas se desvían del camino correcto.
- Ambas herramientas traen seguridad a las ovejas porque saben que el pastor tiene todo bajo control.

V5. Dispone ante ellas un banquete. Esto se puede referir a una meseta llena de buen pasto. El pastor conduce a las ovejas a un lugar de realización total.

V5. Unge sus cabezas con perfume. El pastor vertía perfume sobre las cabezas de sus ovejas para mantener las plagas lejos de sus ojos, nariz y boca. Esto los protegía de las distracciones y molestias.

NOTAS

4. ¿Qué nos enseña la vida y los escritos de Pedro sobre pastorear?

La negación y restauración de Pedro

Juan 18:12-14 Jesús es llevado primero a Anás y luego a Caifás

Lucas 22:54-62 Pedro niega su relación con Jesús. Jesús lo mira. Pedro reconoce su error y llora.

Juan 21:15-17 Después de la resurrección, Jesús le pide a Pedro que confirme si lo ama tres veces en compensación por las tres veces que lo negó. Jesús lo exhorto tres veces diciendo "alimenta a mis ovejas".

5. ¿Qué aprendió Pedro de pastorear?

1 Pedro 5:1-4 Los peligros y privilegios de pastorear

1 Pedro 5:1-4: Dirigido a los líderes de la iglesia pero usando tres palabras Griegas.

Presbuteros = Ancianos- un título que dice lo que ellos son.
Episkopos = Capataz- un titulo que dice lo que hacen.
Poimaino = Pastores – un titulo que dice cómo lo hacen.

Los lideres bajo la autoridad

Jesús es el pastor líder. Todos los pastores y líderes están bajo la autoridad de Cristo.
Lucas 7:1-9
El Centurión era un hombre bajo autoridad. Tenía una gran fe debido a su comprensión de la autoridad. Si usted está bajo la autoridad de su pastor, también puede funcionar con una gran fe.

Peligro # 1 - La falta de deseo
No por la fuerza - NVI "no por obligación"
Moisés- Éxodo. 4:13 - por favor enviar a otra persona
Gedeón -Jueces 6:13 - Pero si el Señor está con nosotros, ¿por qué entonces ....?

Peligro # 2 -Deseo de ganancia
No para lucrar inmundamente-no por codicia
Sin embargo, esto también podría significar cualquier tipo de ganancia que alimentan los deseos egoístas de alguien
2 Reyes. 5:1-27-Naamán, Eliseo, Giezi

NOTAS

Peligro # 3 -Afán de poder
No sean tiranos con los que están a su cuidado (NVI)
Esto habla de no gobernar con prepotencia
3 Juan 1:9-11–A Diótrefesle encanta ser el primero

Privilegio # 1 -Servir con celo
V. 2– Háganlo de buena voluntad. Viene de dos palabras griegas; adelante y espíritu.

¡Es un privilegio servir al rey sirviendo a los demás!
Romanos 12:11 "Nunca dejen de ser diligentes; antes bien, sirvan al Señor con el fervor que da el Espíritu".(NVI)

Privilegio # 2 -Servir con entusiasmo
V.2 –sino con afán de servir
Con energía y entusiasmo por el trabajo
Colosenses3:22-24–"trabajen de buena gana".
Entusiasmo -Dios–dentro–mente

Privilegio # 3 -Servir como ejemplos
V.3 – sino sean ejemplos para el rebaño
En Griego- una fuente, una matriz, un sello o cicatriz
Viene de la palabra – golpear, apalear, aporrear
La vida de los líderes y los ancianos son un tipo de golpe que produce un sello Divino o cicatriz.

El Pastor Supremo/Pastor

V.4 Así, *cuando aparezca el Pastor Supremo*
Pastor Supremo - Esta frase les recuerda sutilmente a los ancianos que ellos son Sus delegados y les da a entender Su derecho a pedirles cuentas y si es necesario a recompensarlos.
Recibirán- Este términose usa a menudo cuando se habla de recibir un sueldo o salario. Pero en este caso habla de la recompensa eterna recibida el día del juicio.
Nunca se marchitará - Esta corona prometida a los ancianos y líderes obedientes no es como la que se gana en los juegos que está hecha de hojas o ramas. Esta corona nunca se marchitará ni se desvanecerá.

CONDUCTA DE LOS LÍDERES
I. CÓMO DIOS PREPARA LOS LÍDERES

2 Timoteo 02:15   1Timoteo 3:1-13

NOTAS

1. Conversión

A. Hechos 2:38-39 "La promesa es para ustedes, para sus hijos y para todos los extranjeros, [a] es decir, para todos aquellos a quienes el Señor nuestro Dios quiera llamar". NVI
B. Salmos. 50:16-17 – Ver NVI

C. I Corintios 2:14-16 - las cosas que son del Espíritu se han de discernir espiritualmente
D. Miqueas 3:8 –"Yo, en cambio, estoy lleno de poder, lleno del Espíritu del SEÑOR, y lleno de justicia y de fuerza". NVI
E. Zacarías 4:6 - "No será por la fuerza ni por ningún poder, sino por mi Espíritu—dice el SEÑOR Todopoderoso—.

2. El Espíritu Santo

A. Tener al Espíritu Santo en tu interior no es un signo de aprobación-divina de perfección. Solo el Espíritu Santo puede producir santidad en tu vida.

B. Hechos 3:12- No era la santidad de Pedro la que sanaba.

C. Hechos14:11-18– impidieron que el pueblo siga ofreciendo sacrificios para ellos porque sabían quiénes eran, y lo que no eran.

3. Primero aprende – Luego Enseña

A. Hebreos 5:12-14(NVI) "Para los que tienen la capacidad de distinguir entre lo bueno y lo malo, pues han ejercitado su facultad de percepción espiritual".

B. "El maestro cristiano primero debe aprenderlas cosas que él va a enseñar". Será suprerrogativa no sólo enseñar doctrina y las líneas generales de la fe cristiana, sino también las experiencias reales por que los cristianos pasan en la vida cotidiana. El enemigo ciertamente no es teórico, sino que es real e intensamente activo. Él trae contra cada cristiano toda línea de ataque concebible. Es responsabilidad del pastor llevar a su pueblo de la mano y guiarlos cuando atraviese en experiencias desconcertantes y confusas. Mientras que el enemigo busca derrotar y devorar al pueblo de Dios, es trabajo del pastor levantarlos y establecerlos en la fe. Un pastor no está apto para este ministerio, al menos que él mismo haya pasado por experiencias similares. Uno mismo tiene que pasar por el molino para poder ser pan para los demás. El descubrimiento de Cristo como "el aspecto del cuarto" Daniel

NOTAS

3:25 (RVA) que está con nosotros en nuestro horno de fuego ardiente nos dará seguridad y alegría al explicar a otros que están pasando por una prueba de fuego que algún día ellos también en contrarán la presencia del Hijo de Dios" [John Riggs].

4. Entrega

A. "Nadie está en condiciones de servir eficazmente a Dios si niega sus deberes con Él".

B. Le podemos servir bastante bien por un tiempo mientras todavía tengamos áreas que entregar, pero llegará el día en que Dios arrancará todo lo que se interpone entre Él y nosotros.

C. Génesis 35. 1-3 Jacob se deshace de dioses extranjeros

   (1) Génesis.28:10-22- La experienciade Bethel
   (2) Génesis.31:3- llamado para volver
   (3) Génesis.32:22-32-Peniel– cambio de nombre

D. Dios es un Dios celoso que quiere el 100% de nuestro amor y devoción.

   (1) Mateo 10:37
   (2) Lucas 14:26, 27,33

E. Juan.6: 66 muchos discípulos dejaron deseguirle.

F. Cuando abandonas el camino te descalifica para el servicio inmediato, la restauración es posible, pero siempre con un gran costo.

G. 1 Corintios. 9:24-27- No nos hagamos descalificar.

JUAN MARCOS

I PEDRO 5:13 - Pedro lo llamó a su hijo en el Señor.

HECHOS 12:12- Principios del año 44 dC- 1 ª mención -herencia judía

Hechos 12:25 - A Jerusalén, de Jerusalén a Antioquía

13:2-5- ayudante, ministro = sirviente, ayudante
13:13- finales de 44 dC- Juan se regresa a casa- ¿por qué? ¿Tal vez él no le gustaba el papel de siervo?

NOTAS

¿Tal vez estaba desanimado? ¿Perezoso? ¿Solitario? ¿Nostálgico?
15:37-38- 50 dC - 5 años después, Pablo todavía tiene un problema
con la deserción de Juan Marcos y dice que "él los había abandonado".
Aunque no tenemos constancia de la rehabilitación de Juan, o su restauración, seguramente debió haber puesto en práctica los principios
y sirvió a Bernabé para sentir que era otra vez digno de ser utilizado
en su ministerio. Probablemente le tomó a Pablo mucho más tiempo
recibir su ministerio.

Colosenses. 4:10 – principios del año 62 dC ó 18 después de su deser-
ción- "recíbanlo bien".

2 Timoteo 4:11 -66 o 67 DC - 22 años más tarde, ahora es útil...

Dios es un Dios de gracia y de restauración...Pero mejor aun si el joven
se habría entregado a servir y a ser útil o provechoso para el ministerio.

5. Sacrificio

A. *Romanos 12:1* Presentéis vuestros cuerpos ensacrificio vivo
B. *II Corintios 1:4-11* Nos sentimoscomo sentenciados a muerte.
C. *Efesios. 5:2* -Como ofrenday sacrificio aDios
D. *Filipenses. 2:17-18*-NVI-Derramado como una ofrenda de liba
 ción.
E. *Génesis 22:1-18* - Abraham fue llamado a sacrificar a su propio
 y más querido hijo, el que fue una promesa de Dios. Fue por su
 respuesta a esta convocatoria y su voluntad de dar todo a Dios
 sin vacilaciones que Dios lo llamo "su amigo"
F. Baker -"Otros pueden, yo no".
G. Los campeones establecen sus propias reglas y siempre son firmes
H. *2 Samuel.24:24* No voy a sacrificar ofrendas que no me cuestan
 nada.

6. Espera espiritual

A. Cuando Dios escogió a Moisés y lo preparó para liderar espiritual
y administrativamente a su nación Israel, no solo escogió al hombre
más capacitado de Egipto sino también tuvo especial cuidado en que
su siervo tenga un largo periodo de espera espiritual. En el desierto,
Moisés se hizo más pequeño pero Dios lo hizo crecer nuevamente.
Hebreos. 11:24-27

NOTAS

39

B. David –fue ungido por Samuel, aun así corría por su vida

C. Pablo–vivió en Tarso por 5 años antes de que Bernabé lo llevará de vuelta a su ministerio en Antioquía.

D. Hay algo que no se puede aprenderen los libros, en los campos de batalla o deportivos, en los laboratorios o en las salas de lectura. ¡Hay un fuego que solo Dios deberá encender!

Mentalidad de Siervo

1. Marcos 10:35-45

A. (vss 35-39) Los líderes deben cuidarse de tener actitudes autosuficientes: "Yo puedo" alcanzar la voluntad de Dios para mi vida con mis propias fuerzas.

B. Un deseo de grandeza no es, en sí, pecaminoso. Es la motivación que determina el carácter. II Reyes 2:1-14 – Eliseo pidió y se le dio una doble porción.

C. (vss 41-45) La actitud del discípulo mostró una ambición egoísta, pero Jesús quería que ellos busquen servir, no que busquen beneficios o placeres personales.

D. Alguien alguna vez le preguntó al Dr. Albert Switzer si había encontrado felicidad en África. Su respuesta fue, "Encontré un lugar para servir, eso es felicidad suficiente para cualquiera".

2. Filipenses 2:1-30

A. (vss 3-4) La motivación de un líder debe ser un deseo Cristo céntrico para ayudar a otros y no una ambición egoísta.

B. (vss 5-7) Los líderes exitosos son siervos exitosos. Los que son llamados a ser líderes no son llamados a ser diferentes ni por encima de las demás personas.

C. (vss 12, 13 & 16, 17) Aunque el servicio a otros pueda ser un "drenaje", el éxito de un líder está determinado por el progreso de los que él mismo sirve.

NOTAS

En Mi Esfuerzo por Alcanzar lo Más Alto, Oswald Chamber escribió lo siguiente: "De acuerdo a Jesucristo, El (un líder) es llamado a ser un 'felpudo' para otros. Llamado a ser su líder espiritual, pero nunca su superior. Pablo dijo "Yo sé servir humildemente..."(Fil 4:12) La idea del servicio de Pablo era de derramar su vida, hasta la última gota por otros, pero la mayor motivación detrás del servicio de Pablo no era amor por otros, sino amor por Su Dios. Si nuestra devoción es por la causa de la humanidad, no será cuestión de mucha tiempo hasta que seamos derrotados y quebrantados de corazón, ya que estaremos muy a menudo confrontados con una gran medida de ingratitud de otras personas. Mas si somos motivados por el amor de Dios, ningún montón de ingratitud podrá detenernos de poder servir a los demás.

D. (vss 19-21) Un líder debe tener un genuino interés en las vidas de aquellos que él sirve.

E. (vss 29-30) Un siervo genuino y verdadero está dispuesto a arriesgar su vida con tal de cumplir su misión.

III. Rasgos personales

1. Un don de liderazgo es la habilidad para motivar y llevar a otros a cumplir el propósito que Dios tiene. **Rom. 12:8**

   A. Dios te va a equipar para lo que sea que Él te llamo a hacer.
   B. En la voluntad de Dios está la provisión de Dios.

   Heb. 13:20-21
   1 Tes. 5:24

2. Para que un líder sea efectivo es necesario que desarrolle su madurez en sabiduría y conocimiento.

   A. II Cron 1 :7-12 – La petición de Salomón

   B. Rom 5:3-4 - El proceso de Dios para alcanzar la madurez

   - Sufrimiento – presión
   - Perseverancia- (paciencia) alegre espera (Prob. 10:25)
   - Carácter – literalmente – aprobado
   - Esperanza- anticipación placentera

NOTAS

C. La madurez de un líder puede verse cuando trata con las personas.

1) II Reyes 13:1-21 – David, Joab y la actriz de Tekoa – David escuchó
2) II Sam. 12:1-13 – David y el reproche de Natán – David se arrepintió
3) II Sam. 15:1-14 – David y la maldición de Simei – David la ignoró

D. La inmadurez de un líder puede verse en lo siguiente:

1) II Cron. 10 :1-13 – Rehoboam rechazó a las personas y el consejo
2) Lucas 9:42-43 – Los hijos del trueno querían ejecutar a las personas.
   a. No llevarse bien con la gente (Pro. 10:32; 12:18)
   b. Interferir en la relación de los demás (II Tes 3:11)
   c. Resistirse al cambio (Pro 15:31-32)
   d. Acusar a los demás cuando las cosas salen mal (Gen 3:12; I Sam 15:20-21)
   e. No poder lidiar con la crítica (Pro 10:17)

IV COMUNICACIÓN

1. Definición de Comunicación

A. El diccionario Webster dice lo siguiente, impartir a otros u otros, conferir u otorgar la posesión conjunta, compartir, participar.
B. Dentro del contexto de la iglesia puede ser definido como la interacción necesaria para que lo individuos se relacionen juntos en un grupo que apuntan a cumplir sus metas ministeriales.

2. Dos maneras de frustrar la comunicación

A. cuando una persona siente que no respetas sus sentimientos.
B. Cuando la gente percibe que usted no les presta atención.

3. Principios básicos para una comunicación eficaz.

A. Trabaja en aprender aescuchar Prob. 18:13, Santiago 1:19
B. Pregunte, no asuma; que las cosas queden claras.
C. Deshágase de las distracciones. Enfóquese en el que habla, no hable con los demás ni deje que su mente deambule.

NOTAS

D. Sea paciente. Es mucho mejor pasar minutos extras al principio de la comunicación cuando una idea nueva está siendo expuesta, que gastar mucho tiempo desahaciendo lo que ellos han entendido mal por no haberles explicado bien.

E. Evite la ira y las discusiones

II Tim 3:24, 25   **Santiago 1:20**   **Prob 6:16-19**

4. La importancia de una buena comunicación

A. Promueve un sentido de serparte del equipo

B. Transmite claramente las metas grupales

C. Mantiene la desinformación y el chisme a su mínimo

D. Dará la oportunidad a que trabajadores cercanos tengan un canal para expresar sus opiniones y dudas.

E. Hace que el cambio sea eficiente

Pro. 27:17 – Hierro con hierro se aguzan, así también el hombre se afila una al otro.

V. Motivación

1. Estamos en una batalla

A. Satanás está continuamente trabajando encontra del propósito de Dios y tratando de deshacer el progreso a través del desánimo, la opresión y otros obstáculos.

Heb 12:12 – Fortalece los brazos y rodillas débiles.

2. Flojera Espiritual

A. La naturaleza carnal debe ser disciplinada para evitar la flojera espiritual.

Mat. 26:41 – El espíritu está dispuesto pero la carne es débil.

3. Factores que motivan a los Cristianos a servir

A. La relación con Dios Luc. 7:36-47 I Cor 15:9-10

B. El sentido que uno tiene al sentirse llamado Rom. 1:1

C. Un nivel visionario del pastor – Prov. 29:18

D. El ejemplo de los demás II Tes 3:7

E. La exhortación II Tim. 1:6

NOTAS

4. Encendiendo el fuego

A. Cree una visión dinámica- aquí es donde quiero ir y porque.

B. Ponga metas que envuelvas a otros en el progreso. – Como podemos llegar ahí?

C. Desarrolle laconfianza – sea positivo

D. Comunique en exceso

E. Practique la honestidad absoluta

F. Tome la responsabilidad total

G. Enfóquese en servir y motivar – no en controlar

H. Cuando llegue el tiempo de un salto de fe

I. Siga y espere algunos ajustes

J. Nunca, nunca, nunca se rinda!

VI. Desarrollando la Excelencia

1. El ejemplo de David y Salomón

A. II Sam 7:1-4 – después de 440 años de adoración establecida a Jehová, David tuvo una nueva idea… "Quiero construir un templo para la presencia del Señor".

B. I Cro 28: 1a- como 30 años después David convocó a todos sus líderes.

C. I Cro 28:2-6 – David comparte su visión

D. I Cro 28: 11a - Le da a Salomón 30 años de experiencia

E. I Reyes 6:1 – Le tomó a Salomón 4 años más para estar listo para construir.

F. I Reyes 6:38b - Le tomó a Salomón 7 años construir este templo, la más gloriosa estructura construida por los Judíos - un proyecto de excelencia.

NOTAS

2. Haz de la excelencia tu meta

A. Eccl. 9:10
B. Col 3:23 – 24
C. Si vale la pena hacerlo... vale la pena hacerlo con excelencia

3. Excelencia versus perfección

A. Luchar por la perfección conduce a condenación
B. Luchar por la excelencia produce esfuerzo superior sin ninguna condenación
C. Lucha por la excelencia en tus áreas primarias en tu llamado ministerial, siempre.

4. La excelencia personal requiere crecimiento continuo en 3 áreas

A. Personalidad – No importa si eres melancólico o sanguíneo, siempre trata de crecer en eso.
B. Carácter – Seremos como ÉL algún día, pero el trabajo empieza hoy.
C. El equilibrio correcto - Es ser feliz con quien estemos y donde estemos en el Señor en este momento, mientras nos esforzamos por alcanzar nuestra meta de excelencia. Fil 3: 10-14

NOTAS

Sección 3
El Contenido
Lo que crees...

Sesión 3

Contenido – lo que crees

Para entender la base de las Escrituras no tenemos que mirar muy lejos para encontrar la suma de algunas verdades básicas o elementales. En Hebreos 5:11- 6:3 el escritor dice enfáticamente que estas son verdades que cada maestro, o para nuestro propósito cada líder, debería saber. En la siguientes seis lecciones miraremos estas verdades.

Leccion 1 – Encontrando tu fundamento
Lectura – Heb 5:8 – 6:3

1. ¿Qué es el fundamento?

El término fundamento ha sido prestado del lenguaje de la arquitectura y de la construcción. Se refiere a cada primera cosa hecha en una edificación = preparando un sólido y estable soporte para la estructura. Cuanto más alta sea la edificación, más hondo necesita ser el fundamento. Hablando espiritualmente, el fundamento es la base de la doctrina Cristiana (verdad) y su experiencia – y estas dos siempre van de la mano – sobre las cuales depende todo desarrollo. Pablo llamaba esto "enseñanzas primarias" Heb. 6:1-3

2. Como es que Cristo se relaciona a mi fundamento?

Cristo mismo es el único fundamento que pueda tenderse en su vida, y esto está hecho en experiencia práctica a través de encuentros específicos con Él dentro de una fe obediente.

A. Esta edificado sobre el fundamento que es Cristo Jesús por medio del Espíritu Santo y el ministerio de aquellos que trabajan con Dios 1 Cor. 3:9

B. Las doctrinas que se vuelven parte de su fundamento fueron traídas a usted a través de los apóstoles y los profetas que recibieron las inspiradas Escrituras. Efesios 2:20

C. Mientras Cristo se vuelve fundamento a través de las experiencias, usted se vuelve capaz de adorarle y de encontrar un lugar en Su iglesia. 1 Pedro 2:4-8, 1 Reyes 5:17-18, 6:7

NOTAS

3. Cuales son los seis verdades fundamentales

El escritor de la epístola a los Hebreos hace una lista de las seis experiencias básicas que usted debería tener con Cristo antes de que usted pueda esperar tener una madurez en su vida cristiana. Estas son:

1. Arrepentimiento de obras muertas
2. Fe en Dios
3. Instrucciones sobre bautizos
4. Imposición de manos
5. Resurrección de los muertos
6. Juicio eterno

Cuando el Escritor de Hebreos dice que debes dejar las enseñanzas primarias sobre Cristo, le está diciendo literalmente que avance desde el principio. No solo significa tender el fundamento, sino más bien plantar a alguien, establecerlo, o anclarlo.

NOTAS

Leccion 2 – Aprendiendo a darnos la vuelta
Repaso – Hebreos 6: 1-3
Lectura – Salmos 51:1-19

1. ¿Qué es el arrepentimiento?

El arrepentimiento es darle la espalda al pecado y a los actos que conducen a morir al Dios vivo. Es un total cambio de mente que resulta un total cambio de vida.

A. El arrepentimiento es un <u>mandamiento</u> de Dios para todos.

Hechos 17:30
El arrepentimiento no es <u>opcional;</u> es la primera respuesta que una les hace al señorío de Cristo. Él le está mandando a que dé un giro. No es sino hasta que damos este giro que usted empezará a entender el derecho que Él tiene a gobernar sobre su vida.

B. El arrepentimiento es un <u>don</u> de Dios; El permite que nos arrepintamos.

Hechos 5:31 - Que Él pueda dar arrepentimiento
Hechos 11:18 – Dios incluso ha dado a los gentiles el don el arrepentimiento
II Tim 2: 24-25 – Dios les otorgará arrepentimiento

Cuando Dios da la habilidad para arrepentirse, uno se da cuenta de repente que sus actos e inclusos sus actitudes no son una cuestión privada. Uno no simplemente se hiere a sí mismo y a otras personas con su pecado; usted ofende a Dios. Esta verdad amaneció en David cuando empezó a ver su pecado de la misma manera como Dios lo veía, un insulto a su amor y santidad.

C. El Arrepentimiento siempre <u>significa dar un giro</u>, cambiar—dejar el pecado y los caminos de uno mismo hacia los de Dios. Las palabras bíblicas usadas (Hebreo en el AT y Griego en el NT) tienen diferencias de énfasis, pero tienen un común significado básico del cambio.

2. ¿De qué manera le afecta a usted el trabajo del arrepentimiento?

El arrepentimiento cambia la manera de cómo uno percibe el pecado en su corazón, de cómo nos vemos como pecadores, y de nuestro Dios es santo y misericordioso.

NOTAS

49

A. El arrepentimiento genuino incluye un dolor piadoso a causa del pecado

Salmos 51:17- un corazón quebrantado y contrito
Salmos 38:18 – Estaré apenado por mi pecado
II Cor. 7:8-10 – Tu lamento te llevó al arrepentimiento

B. Esto incluye una profunda humillación al darse uno cuenta de su necesidad.

Isaías 57:15 – Yo vivo con Él quien es contrito y pobre en espíritu

C. Incluye un sentido de vergüenza por los pecado cometidos en el pasado.

Ezra 9:6- Estoy muy avergonzado y apenado.

D. Incluye un genuino odio por el pecado

Salmos 97:10 – Deja que aquellos que aman al Señor odien el mal...

Muy a menudo cuando a usted le cuesta ser libre de algún habito pecaminoso en particular, se debe a que usted no ha experimentado suficiente odio por aquel pecado.

3. ¿Cómo es que el trabajo de arrepentimiento trae cambio?

El arrepentimiento es un cambio de mente dejando a un lado el pecado, un punto de vista revolucionario, una revolución en la voluntad y el intelecto de uno mismo.

A. El arrepentimiento incluye el reconocimiento del pecado por lo que es.

Oseas 14:1-2 Perdona todos nuestros pecados

B. Incluye también darse cuenta de que uno no solo comete pecados sino que es una persona pecadora.

NOTAS

50

Salmos 51: 5-6 – Fui pecador desde mi nacimiento

C. Incluye reconocer que el juicio de Dios sobre nuestro pecado es justo e intachable.

Salmos 51: 3-4 – Uno se justifica al juzgar

D. Uno acepta la responsabilidad moral por las acciones y el propio carácter

Santiago 1:14-15 – Por sus propios deseos pecaminosos

E. Uno decide hacer algo por sus pecados

Mateo 21:29- Yo no lo hare, pero luego se arrepintió y fue.
Lucas 15:17-18 – Yo saldré y regresaré.

F. Uno decide romper con el pecado y lanzarse a las misericordias de Dios.

Rom 13:12-14 – Has a un lado la oscuridad y vístete de Jesús

NOTAS

Leccion3 – Siendo completamente persuadido
Repaso – Heb 6:1-3
Lectura – Heb 11:1-6

1. ¿Cómo se relacionan el arrepentimiento y la fe?

El arrepentimiento y la fe son dos caras de la misma moneda llamada justificación. El arrepentimiento es el lado negativo de la moneda y la fe el lado positivo o receptivo. Tanto el arrepentimiento como la fe son dones de Dios iniciados libremente de acuerdo a Su gracia. Son insepa-rables; uno no puede existir sin el otro. Es el Espíritu Santo quien crea la respuesta hacia el arrepentimiento y que también da la habilidad para creer.

Hechos 20:21 – Deben arrepentirse y tener fe
I Tes 1:8-9 – Fe en Dios y cómo te volviste

2. ¿Qué es la fe?

La fe es la habilidad para creer en Dios: Para confiar en Su carácter como también para tomar Su Palabra como verdadera y eficaz. La fe es la respuesta a la persuasión, la obra convincente del Espíritu Santo a medida que Él da la capacidad para oir la Palabra de Dios. Esta persua-sión resulta en una inquebrantable convicción de que la Palabra de Dios es verdadera.

A. La fe es una persuasión

La Fe viene del griego pistis que significa "Creencia firme fuerte y bien-venida. Convicción de que algo es verdadero".

II Tim. 1:12 – Yo sé en quien he creído y estoy convencido.

B. La fe es sustancia y realidad

La fe no es imaginación, o pedir deseos para que se cumplan. Es la ver-dad de un trabajo u obra interior del Espíritu Santo, que solo te per-suade a creer lo que realmente existe. Si Dios le da fe a uno para algo, puede estar seguro de que en la mente de Dios la cosa si existe y que es tan bueno como te lo imaginas.

Heb. 11:1 – Ahora la fe es pues..

C. La fe es un don de Dios

Uno no puede trabajar por sí mismo en cuanto a creer. No es el resulta-do de gimnasia mental o espiritual. El Espíritu Santo pone la habilidad para poder creerle a Dios en nuestros corazones.

NOTAS

52

Efesios 2:8 – Esto no proviene de nosotros, es un don de Dios

D. La fe es la respuesta a escuchar

Dios comunica sus pensamientos en Su palabra. Cuando Él da la habilidad para escuchar lo que Él dice por medio del Espíritu, esto crea en usted la respuesta para creer, de ser totalmente persuadido que lo que Él dice es sin duda cierto y es directo a usted.

Rom. 10: 17 - La fe viene por medio de escuchar el mensaje.

3. Como es que Dios lo persuade a uno para poder creer?

Dios usa varios medios hoy en día para convencerle a uno. Muchas veces es otra gente o circunstancia, aunque el agente de redención en el mundo hoy en día es El Espíritu Santo. El persuade a las personas por medio de Su presencia y por muchos otros medios.

A. El usa la predicación de la palabra

1 Cor. 1:21 – a través de la necedad de lo que se predicó para salvarlos.

B. Él trabaja directamente para convencer a la gente de la verdad.

El Espíritu Santo trabaja para convencerte de que Dios es verdadero y que Su palabra es verdad. Así como el convierte el pecado en arrepentimiento, el convierte a uno a Cristo y le da Su palabra por medio de la fe.

Juan 16:8-11 – Dándole convicción al mundo

C. El hará que las Escrituras tengan vida en usted.

Lucas 24:32 – Y abrió la Escritura a nosotros.

D. Sus milagros fueron hechos para ayudar a fortalecer nuestra fe.

Juan 10:37-38 - Cree en lo milagros que puedes ver y entender.

NOTAS

Lección 4 - **EN LA NUBE Y A TRAVÉS DEL MAR**
Repaso - Hebreos 6:1-3
Lectura - 1 Cor. 10:1-2

1. ¿Por qué la epístola a los Hebreos habla de más de un bautismo?

En el pasaje del texto, Heb. 6:1-3, la palabra "bautismo" se refiere no sólo al bautismo en agua, sino también al otro bautismo encontrado en la Biblia, el bautismo en el Espíritu Santo. Estos dos bautismos son parte del fundamento que Dios quiere que usted tenga en su vida.

I Cor. 10:1 - Todos bajo la nube - todos atravesaron el mar
I Cor. 10:02 - El bautismo en la nube y en el mar
Baptizo = sumergir, sumergirse,
Abrumar, completamente mojado

A. El bautismo en el mar (I Cor. 10:2)

Ex. 14:26-30 - Fueron por en medio del mar - y fueron bautizados en Moisés.

A través de esto experimentaron la libertad que Dios le dio del enemigo.

Mat 3:13-17 - Jesús fue bautizado
Mat 28:18-20 - Id pues y haced discípulos, bautizándolos

Rom. 6:1-6, 11-12 - El bautismo en agua es ...

* **Un signo externo** - Col. 2:11-12 - Bautismo a través de la fe!
* **De un cambio interno** - Hechos 2:38 - El perdón de los pecados
* **Crucificción del viejo hombre** - Rom. 6:6, 11 - Estáis muertos
* **Una resurrección a una nueva vida** - Rom. 6:4-5 - lo que le permite servir a Dios

B. El bautismo en la nube (I Cor. 10:2)

Ex. 13:21-22 - La nube era el símbolo de la presencia del Señor. Hoy el Espíritu Santo es la manifestación de la Presencia de Dios.

Durante el día la nube los guió
El Espíritu Santo le guía a toda verdad
Por la noche la nube se convertía en una columna de fuego sobre ellos - dándoles luz

NOTAS

54

Mat 3:11 - Juan dijo que Jesús los bautizará con el Espíritu Santo y con fuego.

Hechos 1:4-5, 8 - El bautismo del Espíritu Santo es el cumplimiento de la declaración de Juan.

Hechos 2:1-4 - El Espíritu Santo vino con fuego!

Hechos 2:38-39 - La Fórmula - Esto es para todos - por la fe!

Hechos 8:14-17 – Observe el v.12 - Después de creer y ser bautizado en agua.

Hechos 10:44-48 - Porque los oían que hablaban en otras lenguas.

Hechos 11:15-17 - El mismo regalo! Recibido por fe.

Hechos 19:1-6 - Hablaban en lenguas, y profetizaban.

NOTAS

Lección 5 – LAS MANOS SON PARA DAR
Repaso – Hebreos 6:1-3
Lectura – Génesis 48:8-22

1. ¿Por qué es tan importante la mano?

A lo largo de la Escritura la mano se considera muy importante. Es la extensión de la persona misma. Es su poder para trabajar con habilidad y su capacidad para luchar contra los enemigos. Dios habla de sus manos como Su poder activo en la tierra. Cada vez que Dios intervino poderosamente en los asuntos de los hombres, ellos cantaron alabanzas en términos de lo que sus manos habían hecho.

Éxodo 15:6 - Tu diestra, Señor, reveló su gran poder...

Más importante que todo, la mano es el instrumento de bendición. Usted levanta sus manos en adoración y alabanza para bendecir a Dios. Usted levanta sus manos, extiende tus manos, y pone las manos sobre otros, para comunicar la bendición de Dios como un canal humano.

2. ¿Cómo se usaban las manos en el Antiguo Testamento?

A. Las manos se levantaron en alabanza y adoración.

Sal. 63:4 - Te alabaré ... Alzaré mis manos.

B. Las manos fueron levantadas en oración.

Sal. 141:2 - Que mi oración ... Que el alzar de mis manos ...

C. Los sacerdotes comunicaron el favor de Dios a la gente a través de una mano levantada y abierta.

Lev. 9:22 - Después alzó Aarón sus manos hacia el pueblo y lo bendijo.

D. Ser consagrado realmente significaba tener las manos llenas. La definición de la palabra hebrea "consagrar" en realidad proviene de dos palabras, llenar y una mano (abierta), lo que indica el poder.

I Cron. 29:5 - Ahora, ¿quién está dispuesto a consagrarse al Señor hoy?

E. Las manos eran un medio de transferir la culpa personal a una víctima sacrificial.

<u>Lev. 1:4</u> - Y pondrá su mano sobre la cabeza ...
<u>Lev. 4:23-24</u> - Él deberá su mano sobre la cabeza del macho cabrío ... una ofrenda por el pecado.

F. Un superior impartía la bendición a otro por la imposición de manos sobre él, orando y profetizando.

1) <u>Génesis 48:14-15</u> - Jacob bendice a los hijos de José
2) <u>Deut. 34:9</u> - Moisés bendice a Josué

4. ¿Cómo se usaban las manos en el Nuevo Testamento?

La imposición de las manos se utilizaba en todo el Nuevo Testamento. Jesús mismo lo utilizó como un medio para dar vida o virtud, tanto en la sanidad como en la bendición. A veces no se usaba la palabra hablada; muchas veces también se necesitaba un toque personal. Las manos de Jesús eran un canal importante en su ministerio. También lo deben ser en el tuyo.

A. Se usaba las manos para bendecir a los niños.

<u>Mat. 19:14-15</u> - Jesús y los niños
<u>Lucas 2:25-28</u> - Simeón y Jesús

B. Se usaban para impartir sanidad.

<u>Marcos 6:5</u> - Poner las manos sobre unos cuantos enfermos y sanarlos.
<u>Marcos 16:15-18</u> - Impondrán las manos sobre los enfermos, y éstos sanarán.
<u>Hechos 28:8</u> - Puso sus manos sobre él, y lo sanó.

C. Se utilizaba las manos para iniciar a la gente en sus ministerios.

<u>Hechos 6:6</u> – Se afirmaba a los diáconos en su ministerio
<u>Hechos 13:3</u> – Les impusieron las manos y los despidieron.

NOTAS

D. Se utilizabalas manos para impartir el don del Espíritu Santo.

<u>Hechos 8:17</u> - Entonces Pedro y Juan les impusieron las manos

<u>Hechos 19:6</u> - Cuando Pablo les impuso las manos...

E. Se utiliza para impartir dones espirituales.

El diccionario Webster define "impartición" de la siguiente manera: dar o conceder lo que se tiene a través de contacto, asociación o influencia; comunicar o transmitir.

<u>I Tim. 4:14</u> - No descuides el don ...
<u>II Tim. 1:6</u> - ... avives el fuego del don de Dios ...

NOTAS

Lección 6 - ¿Seguiré siendo yo?
Repaso - Hebreos 6:1-3
Lectura - I Cor. 15:35-50

1. ¿Qué es la resurrección?

La resurrección es un levantarse a la vida después de la muerte, pero es más que eso. Es también el comienzo de la glorificación, o el cambio del cuerpo físico para participar en la gloriosa redención proporcionada por Cristo para el hombre en su totalidad. La palabra griega más común que resurrección es anastasis (a-na-sta-sis), lo que simplemente significa "hacer que se ponga de pie, o levantarse".

A. La resurrección es la restauración personal del individuo a la vida.

Después de que el cuerpo y el alma y el espíritu han sido separados por la muerte - incluso si el cuerpo ya se descompuso - Dios los vuelve a reunir. La identidad propia de la persona es restaurada, incluyendo su memoria, el reconocer, su capacidad para comunicarse, etc.

Job 19:25-27 - La piel, la carne, los ojos - Job espera esta experiencia como un hombre

B. Resurrección implica la reinfusión de la vida a un cadáver real, dando como resultado el regreso a la vida de un cuerpo.

Esto no habla de revivir a alguien que se creía que estaba muerto pero que solo estaba inconsciente. Se refiere a personas que están verdaderamente muertas pero que pueden experimentar la reversión de los procesos de corrupción por la intervención de Dios que los resucitó de entre los muertos.

Lucas 24:39 - Un fantasma (Espíritu) no tiene carne, ni huesos, como veis que yo tengo.

C. La resurrección es la redención del cuerpo, Dios cambia tu cuerpo para que concuerde con la naturaleza de tu alma y espíritu redimidos.

Aunque el cuerpo que se recibe en la resurrección será sin lugar a dudas el suyo propio, no será el mismo cuerpo frágil que fue enterrado. Habrá cambiado por el poder de Dios y formado igual al suyo.

NOTAS

<u>**Fil. 3:21**</u> - Transformará el cuerpo nuestrahumillación, para que sea semejante a la gloria de su cuerpo.

2. ¿Cómo será su cuerpo resucitado?

La Biblia proporciona dos fuentes básicas de información con respecto al cuerpo resurrección: (1) el ejemplo del cuerpo de la resurrección de Jesús que se describe en los Evangelios y los Hechos, (2) las descripciones por analogía en las cartas de Pablo a los Corintios:

A. El cuerpo resucitado de Jesús fue a la vez el mismo y, sin em bargo, diferente de Su cuerpo mortal.

(1) El cuerpo resucitado de Jesús no tenía limitaciones de su cuerpo mortal: Podía aparecer a voluntad, podía atravesar las paredes, etc.

(2) La apariencia facial de Jesús cambio lo suficiente como para que sus amigos más cercanos no lo reconocieran de inmediato, pero otras características personales lo identificaron como esa misma persona.

(3) El cuerpo de Jesús no era etéreo, sino tangible y visible. La gente lo tocó, lo vio, lo escuchó. Comió con ellos.

(4) Jesús continuó enseñando desde donde se había quedado. Había recordado cuál había sido su promesa y lo que había y no había logrado en la instrucción de sus discípulos. Se encontró con ellos en Galilea, como lo había prometido antes de su muerte. Es evidente que su memoria no se vio afectada.

3. ¿Su cuerpo resucitado será una mejora en su presente cuerpo?

Sí. Dios le dará un nuevo cuerpo que será mucho mejor que su cuerpo actual mortal. Expresará más apropiadamente la riqueza espiritual interior.

<u>**I Cor. 15:42-53**</u>

A. Su nuevo cuerpo será imperecedero - vs. 42,53
B. Su nuevo cuerpo será poderoso–vs. 43
C. Su nuevo cuerpo será espiritual - frente a vs. 44
D. Su nuevo cuerpo será celestial - vs. 49, 50

NOTAS

4. Nos conoceremos después de la muerte y resurrección?

Esta es probablemente la pregunta más profunda que se hace cada corazón, queremos saber qué va a pasar con nosotros. ¿Vamos a seguir siendo las mismas personas que somos ahora? ¿Vamos a recordar lo que nos pasó en esta vida, y continuar después de la muerte? ¿Las amistades que construimos en esta vida continuarán hasta la eternidad? Lo que realmente estamos preguntando es: ¿La resurrección significa que vamos a seguir teniendo identidad personal? ¿Sobrevivirá nuestra personalidad a la tumba? Gracias a Dios la Biblia dice un rotundo "SÍ" en respuesta a estas preguntas:

A. Jesucristo siempre ha sido la misma persona, aunque en diferente forma corporal.

Heb. 13:8 - La palabra griega para "igual" significa "uno muy mismo e inmutable".
Apocalipsis 1:18 - Estoy vivo por los siglos

B. Job preguntó y respondió a su propia pregunta acerca de la continuidad de la personalidad.

Job 14:14,15; 19:25-27

C. Jesús comparó la vida de resurrección a la de los ángeles.

Dan. 8:16-17 - Gabriel

D. Pablo declaró que su cuerpo resucitado tendrá gloria diferente a la de los demás.

I Cor. 15:38-42

5. ¿Cuál es el orden de los acontecimientos de la resurrección de los muertos?

A. Primeros Frutos: La resurrección de Cristo mismo y de los que salieron de sus tumbas en ese mismo tiempo.

Mat. 27:52-53 - ver RV - Y salieron de los sepulcros, después de su resurrección ...

NOTAS

B. Los que son de Cristo, en su venida.

<u>I Tes. 4:16-17</u> - Los muertos en Cristo resucitarán primero.

C. Luego los que están destinados a la destrucción.

<u>Dan. 12:02</u> - multitudes ... serán despertadas, unos para vida eterna, otros para vergüenza ...

<u>Juan 5:24-29</u> – TODOS los que están en los sepulcros oirán

D. A continuación, la destrucción de la misma muerte, después del juicio ante el gran trono blanco.

Apocalipsis 20:11-15 - notar la progresión; los justos, los que están en el Hades, el lago de fuego.

E. Luego, renovación de los cielos y la tierra, después de ser purgados por el fuego.

<u>II Ped. 3:10-13</u> - Los elementos serán destruidos por el fuego.
<u>Apocalipsis 21:1</u> - Un nuevo cielo y una nueva tierra.

6. ¿Experimentarán todos la muerte y la resurrección?

Esta será la norma. La Biblia nos enseña a prepararse en esta vida para enfrentar a la muerte, la resurrección y el juicio.

<u>Heb. 9:27</u> - Así como el hombre está destinado a morir una vez, y después de esto el juicio.

Pablo insiste en el carácter instantáneo de este cambio.

<u>I Cor. 15:51-53</u> - todos seremos transformados, en un abrir y cerrar de ojos.

NOTAS

Lección 7 - JUICIO ETERNO
Repaso   - Hebreos 6:1-3
Lectura - Juan 5,17-30

1. ¿Qué se entiende por el término Juicio Final?

El juicio final es el último de los seis pilares fundamentales que uno debe experimentar antes de que realmente poder ir a la madurez. Al estudiar este fundamento usted quedará claramente consciente de las consecuencias de sus pensamientos, palabras y acciones. Estas consecuencias no sólo afectan esta vida, sino también la era por venir. Cuanto más real se haga el saber que Dios examinará cada una de sus obras, su comportamiento y sus motivaciones internas se conformarán mejor a la voluntad de Dios, a través del temor del Señor.

Cor. II. 5:9-11

2. ¿Qué involucra el proceso del juicio?

El juicio es un proceso de clasificación. Dios separa lo bueno de lo malo examinando, juzgando, y decretando. La idea a recordar es la separación. Dios no juzga de la misma manera los tribunales terrenales lo hacen, mediante el examen de las pruebas, escuchando los argumentos de ambas partes, y luego emitiendo un veredicto. Dios no tiene necesidad de determinar la culpa o el mérito, porque Él ya sabe todas las cosas.

Heb. 4:13   Prov. 15:11

3. Habrá grados de castigo y recompensa?

La base para todo juicio es el evangelio de Jesucristo.

Rom. 2:16   Juan 3:16-21

El conocimiento de Dios y de Su evangelio no está igualmente accesible a todos los pueblos del mundo. Cuando Dios juzgue tendrá en cuenta la cantidad de luz y revelación que usted haya tenido y lo que hizo con ello.

A. Los que no son creyentes serán juzgados de acuerdo a la ley escrita en sus corazones y en sus conciencias. Rom. 2:12-16

NOTAS

63

B. Los cristianos serán juzgados de acuerdo con el evangelio. También tendrán que rendir cuentas por el importe de la revelación que recibieron de la voluntad divina y de la provisión que se les dio. Más luz significa más responsabilidad.

<u>Lucas: 12:47 -48</u>   <u>Juan: 9:39-41</u>

C. Los líderes cristianos serán juzgados con mayor severidad que los demás creyentes. Ellos tendrán que rendir cuentas no sólo de sus propias vidas, sino de las almas por quienes se comprometieron a cuidar.

<u>Santiago 3:1</u>   <u>Heb.13:17</u>   <u>Mat 18:5-6</u>

D. Aquellos que escuchan el evangelio y lo rechazan serán juzgados con mayor severidad que los que nunca lo han escuchado.

<u>Juan 12:47-48</u>   <u>Juan 15:22</u>

4. ¿Cómo podemos auto-evaluarnos?

A. La comunión establece una disciplina regular para el examen de conciencia.

<u>I Cor. 11:28</u>

B. Dios usa las pruebas y desafíos de la fe para ayudarle a descubrir sus reacciones bajo presión.

<u>Santiago 1:2-4</u>   <u>Rom. 5:3-5</u>

C. El ministerio del Espíritu Santo dentro de uno nospermite conocer nuestro propio corazón.

<u>I Sam. 10:06</u>   <u>II Cor. 3:18</u>

D. El Señor usa el liderazgo espiritual para ayudarle a reconocer sus faltas y errores.

<u>Heb. 13:17</u>   <u>Tito 3:10-11</u>

NOTAS

E. Dios puede usar tiempos de aflicción para llamar su atención sobre áreas de pecado en su vida.

Santiago 5:14-16

NOTAS

5. ¿Cuál es el propósito del juicio del Gran Trono Blanco?

El Juicio del Gran Trono Blanco es el lugar del examen final de toda la gente. El propósito de juzgar no es determinar la culpa o inocencia. Tampoco se trata de decidir el destino futuro de todos. Estos ya son conocidos. Pero este juicio demostrará la necesidad de la decisión de Dios de determinar la condenación o el elogio. Dios va a sacar a la luz todo pensamiento secreto y motivación, así como cada acción. Cada persona verá la luz de la perfección de Dios por qué sus obras fueron buenas o malas. Su propia conciencia estará de acuerdo con el juicio que recibe del Señor. Los libros serán abiertos en el registro de lo que todo el mundo hizo y realizó.

Rev. 20:11-15.   **Jer.   17:10**

A. La justicia se completa en el Gran Trono Blanco. - **Rom. 2:5-10**

B. Las obras se recompensarán eternamente. **Gal. 6:7-10**

6. ¿Cómo debería afectarlo este conocimiento del Juicio Final?

El saber acerca del juicio final no debe quedar solo como conocimiento intelectual, sino que debe cambiar su comportamiento.

Dios ha puesto en la Biblia mucha información con respecto al futuro por una razón: Él está tratando de influir en su motivación.

Rom. 11:22   **II Cor. 5:11**

CONTENIDO - LO QUE USTED CREE

Las siguientes notas se han recopilado en una forma de esquema y se pueden utilizar para ayudar en el estudio del tema de nuestra salvación. Sería de gran ayuda si usted tuviera su Biblia abierta en 1 Pedro al leer estas notas. La prueba en 1 Pedro le ayudará a entender estas notas que tienen el propósito de explicar y exponer los temas introducidos en el texto.

Introducción a Nuestra Salvación

Según la Enciclopedia Wycliffe Bible el nombre dado al estudio de la doctrina de la salvación es la soteriología. Wycliffe lo define como: "la doctrina de la salvación revelada en la Biblia y formulada a través de un estudio inductivo de la Biblia". Si bien un estudio inductivo sin duda le dará al estudiante un conocimiento general de lo que nuestra salvación se trata, nadie mejor que el apóstol Pedro ha trabajado mucho en ello. En los primeros dos capítulos de su primera epístola él da una descripción detallada de nuestra salvación. Pero antes de examinar las declaraciones de Pedro, echemos un vistazo a las ideas de Pablo y Juan acerca de nuestra salvación.

Romanos 10:8-17-Para Pablo, nuestra salvación se basa en la confesión, la creencia y la fe.
   vs. 9 - salvar = guardar, es decir, liberar o proteger de (literalmente o en sentido figurado)
   vs. 10 – salvación = recate o seguridad (física o moral)

   Rev. 12:10 - Para Juan, nuestra salvación es una realidad presente. salvación = soteria - ver arriba.

I. Nuestra Elección 1 Pedro 1:1-2

1:1
NIV - Para los elegidos de Dios, desconocidos en el mundo, repartidos por todo ...
NKJ - ... a los peregrinos de la dispersión ..
.

   Heb. 11:13-16 - Somos peregrinos aquí en la tierra!

Los distritos mencionados se encuentran todos en el noreste de Asia Menor, donde Pablo estaba prohibido de evangelizar en Hechos

NOTAS

16:6-10. Observe también la naturaleza circular de los distritos mencionados, y que los destinatarios eran principalmente gentiles. Pedro utiliza un término único para judíos, y lo aplica a judíos y cristianos gentiles.

1:2
- *Elegidos* según la presciencia - Rom. 8:28-30, Ef. 1:7-11
- *Santificante* - hacer santo, purificar o consagrar - 2 Tes. 2:13
- *Ser rociados con la sangre* - mencionado en el Antiguo Testamento con respecto a 4 ocasiones.

    1 - Lev. 14:1-7
    2 - Ex. 29:20-21
    3 - Ex. 24:1-8
    4 - Ex. 12 y Heb. 11:28

II. Nuestra Esperanza 1 Pedro 1:3-4

1:3

- *Nuevo nacimiento* - Jn. 3:1-8, Hechos 2:37-39, Rom. 3:23, 5:08, 6:23, 10:9-10.

1:3

- *Esperanza* - esperanza, confianza o anticipación placentera. Rom5:3-4.

- *Resurrección* - 1 Cor. 15:12-20.
Él fue... tú también 1 Cor 15:42-44 - Tu cuerpo resucitado será incorruptible, glorioso, poderoso, espiritual y eterno.

1:4

- *Herencia* - Antiguo Testamento - Nuevo Testamento físico - espiritual.
- *Perecer* - La "tierra" fue tomada de la Israel natural y cayó en decadencia. Su herencia en el Espíritu nunca perecerá, o se echará a perder.
- *Mantenido* - Reservado - el verbo significa mantener como resultado de cuidar.

NOTAS

III. Nuestras Pruebas 1 Pedro 1:5-9

<u>1:5</u>

- *Mediante la fe* - Heb. 11:06
- *Blindado* - un término militar - para poner un guardia, para cercar o proteger".
Fil. 4:6-8 - Mantener su mente blindada es un esfuerzo cooperativo. - **la salvación venidera** - Rom. 13:11
- *Revelado* - **juicio final** 1 Ped. 1:13, 4:13, 2 Ts. 1:6-7;
1 Cor. 01:07

<u>1:6</u>

- *Alegrarse* - una profunda alegría espiritual - también en 1:8 - Lc. 1:46-47, Hechos 16:34
- *Aunque ahora* - Estos creyentes se regocijan a pesar de que pueden sufrir dolor.

<u>1:7</u>

- *Su fe*… como el oro. - Jer. 6:27-30; Sal. 66:10-12, 2 Crónicas. 32:31
- *Alabanza, gloria y honor* - Rom. 2:29, 1 Cor. 04:05

<u>1:8</u>

- *Visto* - ver con los ojos. Ver - discernir con claridad, comprender plenamente
- *Creer* - confiar o descansar en la confianza de uno, o depender.
- *Alegría* - saltar de alegría, dar vueltas

<u>1:9</u>

- *Recibir* - Usted recibe, ahora, en parte, lo que siempre va a recibir.

IV. Nuestro Realización 1 Pedro 1:10-12

<u>1:10-12</u>

Los profetas del Antiguo Testamento no comprendían muy bien sus propias revelaciones del plan de Dios. Profetas, reyes y ángeles han

NOTAS

68

deseado mirar en lo que ahora se realiza en su vida - nuestra salvación.

Lc. 10:24

- *investigar -* inclinarse hacia un lado y otro ...y agacharse estirando el cuello para contemplar algún espectáculo maravilloso. Jn.. 20:5

V. Nuestra Santidad 1 Pedro 1:13-21

1:13

Los pensamientos de Pedro tratan los aspectos prácticos de la aplicación en la vida diaria de esta"salvación de vuestras almas" (v. 9).

- *Preparar sus mentes* - estar preparado para el esfuerzo mental más intenso.
- *Tener dominio propio -* estar sobrio - esta frase tiene dos significados:

     1 - Abstenerse de embriaguez
     2 - Ser firme en sus mentes

- *Puesta vuestra esperanza -* Los cristianos que viven en la esperanza pueden soportar las pruebas del presente.

1:14

- *Como hijos obedientes –* La obediencia debe ser su madre 2 Cor. 2:9
     1 - Los padres - Ef. 6:1-2
     2 – Los líderes - Heb. 13:17 3 - Civil - Rom. 13:1-7
- *No se conformen –* conformarse a algo que cambia es ilusorio

1:15-16

- *Santo -* En el idioma griego esta palabra tiene tres partes para su definición.

     1 - Física puro
     2 - Moralmente irreprensible
     3 - Espiritualmente consagrado

NOTAS

- *En todo lo que hagan* - el comportamiento general, el estilo de vida

    2 Cor. 6:14-07:01

1:17

- *Jueces* - el Padre juzga - ROM. 2:1-4
- *Él lo hará un día* - Rom. 2:5-11
- *Obra de cada uno* - El juicio de Dios se basa en las obras del hombre.
    2 Crón. 6:23; Salmos. 62:12, Jer. 17:9-10; Mat. 16:27, 1 Cor. 3:12-15;
    2 Cor. 5:7-10; Apocalipsis 20:11-15; Apocalipsis 22:12

- *Imparcialmente* - Esta es la primera palabra conocida como cristiana que no se encuentra fuera de escritos cristianos. Hechos 10:34, Rom. 2:11; Sant. 2:01

- *Vivir sus vidas como extraños* - Tu hogar es el cielo y ciudad de Dios.
    Heb. 11:8-10,13-16
- *En temor reverente* - Este temor se basa en el hecho del juicio venidero de Dios.

1:18

- *Cosas perecederas* - la sangre de Jesús puede comprar la redención, y no pereceremos.
- *Redimidos* - un precio de rescate - Lucas 24:21; Tito 2:14

    A. Para recomprar una herencia decomisada – La tuya Lev. 25:23-28
    B. Para el rescate de un familiar tomado por un extranjero - Satanás Lev. 25:47-49
    C. Nada para el asesino intencional - Satanás Num.. 35:19, 31

1:19

- *Un cordero* - refiriéndose al Cordero Pascual Ex.. 12:5; Isa. 53:7. Juan el Bautista también aplicó este término a Jesús. Jn. 1:29, 36

NOTAS

1:20

- *elegido antes* - El plan para su redención no fue ideada en una emergencia.

1:21

- *creer* - La base de su salvación - Rom. 10:9-10
- *fe y esperanza* - Estos deben descansar en Dios - no hay otro Rom.. 5:1-5

VI. Nuestro Amor - 1 Pedro 1:22-25

1:22

- *Purificado* - Describe la purificación del pueblo y de los sacerdotes
- *Amor por sus hermanos* - Filadelfia = amor fraternal
- *Sincero* - No fingido - a partir de dos palabras griegas, "no" + "ac tor"
- *Améis unos a otro*s - Agapao = sacrificial, lo determina la volun tad.
- *Profundamente* - Con esfuerzo supremo, con todos los músculos tensos - Rom. 05:08

1:23

- *Nacer de nuevo* - Jn. 3:1-8
- *De semilla incorruptible* - La propia semilla (de la salvación) es el Espíritu Santo.
- *Viva y duradera* - 2 Tim. 3:16-17; Heb. 4:12

1:24

- *Como hierba* - Hierba silvestre que crece un poco y luego se ha ido. Mat. 6:30; 14:19; Isa. 40:6-8

1:25

- *La palabra* - ¿Qué puede dar esperanzas de permanencia? ¡La palabra del Señor!

NOTAS

VII. Nuestro crecimiento 1 Pedro 2:1-3

2:1

- *Abandonen* - Dejando a un lado, un despojo de la ropa.
Ez. 18:31-32, Rom. 13:12; Ef. 4:22-25, Col. 3:5-10; Heb. 12:1; Sant. 1:21
  - *Malicia* - cualidad de maldad, como opuesto a la excelencia
  - *Engaño* – poner señuelo, usar trucos
  - *Hipocresía* - (1:22) constantemente representar un papel, oculta do los verdaderos motivos
  - *Envidia* - toda mala voluntad o celos.
  - *Calumnia* - hablar en contra de alguien o con chismes que tienen lugar cuando la víctima no está allí para defenderse.

2:2-3

- *Anhelan* - Este comando se basa en el supuesto de que usted obedecerá vs 1. Es el comando positivo en contraste con el comando negativo en 1 vs.
- *Puro* - Sincero - un término que describe el maíz que está totalmente libre de paja, polvo o materia inútil, dañino Ps.. 19:7-10, Heb. 5:12-13
- *Probado* - Ps. 34:8.

VIII. Nuestros sacrificios 1 Pedro 2:4-10

2: 4-5

- *Los Piedra viva* - Isa. 28:16.
- *Rechazada* - no permitida - desaprobar Mar. 8:31,Lc. 20:9-19
- *Elegido* - Seleccionar, por implicación, el favorito. - Al recibirlo, uno se convierte en un "favorito" - 1 Ped. 2:4,6, 9; Mt. 22:14; Apocalipsis 17:14
- *Precioso* - valorado - 1 Ped. 1:19
- *Piedras vivas* - 1 Rey. 5:17-18; 6:7; Ef. 2:20-22
- *Se están construyendo* - un constructor, construir Efe. 2:21-22, 4:15-16
- *Sacerdocio santo* - Jesús es el Sumo Sacerdote, los creyentes son un sacerdocio santo.

NOTAS

- Sacrificios espirituales

   1) Su vida - Rom. 12:01
   2) Su botín - Fil. 4:15-19
   3) Tus labios - Heb. 13:15

2:6

  - Piedra angular - Isa. 28:16, Rom. 9:33

2:7

  - Esta piedra - Sal. 118:22-23; Marcos 12:10, Hechos 4:11

2:8

  - Tropezar ... Caer - Isa. 8:14-15, Mt. 21:42-44
  - Destinado - Rom. 9:14-24

2:9

Pedro aplica ahora a la Iglesia todos estos nombres del Antiguo Testamento para el pueblo de Dios. La Iglesia incluye a las personas de fe en cada generación ...¡Usted!

  - Pueblo escogido - Ex. 19:5-6,Dt. 7:6; 14:02
  - Real sacerdocio - Los cristianos son reales y sacerdotales a través de Cristo.
  - Nación santa - Isa. 62:12
  - Personas especiales – Usted

2:10

  - Una vez ... pero ahora - Oseas 1:6, 9-10; 2:23

NOTAS

IX. 1 Pedro 2:11-12 nuestras obras

2:11

- *Extranjeros y peregrinos* - Gen. 23:4; Ps. 39:12
- *Abstenerse* - Hechos 15:20,29; 1 Tim. 04:03
- *Desenfrenados deseos* = pecaminosos impulsos - ROM. 1:24, 6:12, Gal. 5:16
- *Guerra contra el alma* - Sant1:13-15; 4:1-2

2:12

- *Vivir una vida tan buena* - Conversación - ver notas sobre 1:15-16
- *Bueno -* El tema que viene - 2:15-16, 20; 3:1-2; Tit. 3:4-8, Ef. 2:8-10
- *Visitación* = observar o inspeccionar la máquina, el día de la revisión. 2 Cor. 5:10, Heb. 9:27

NOTAS

www.ingramcontent.com/pod-product-compliance
Lightning Source LLC
LaVergne TN
LVHW081450070426
835511LV00013B/1924